小さな織り機でできる
手織りの模様パターン 200

織り図の見方、織り機の使い方の基礎から、
織りの技法、デザイン、色違いや糸違いの展開まで

箕輪直子

は　じ　め　に

　数年前、プラスチック製の「ミニ織り」を使った『手織りコースターの会』という手芸系の頒布会のお仕事をしました。1クール6ヵ月で毎月2枚のコースターができる設定です。

　この頒布会、ほとんどの場合は1クールのみ、人気があると2〜3クール続く場合もあるらしいのですが、『手織りコースターの会』は大変好評で7クール、4年近くにわたって続きました。

　ところで、卓上織り機を使っている方だれもが高機にあこがれているわけではありません。同じように、この頒布会の読者の方からは「ミニ織り」を使いこなしたい、出先にも気軽に持っていけるし、「ミニ織り」よりも大きな卓上織り機などは欲しくないという声も多く聞きました。この反応を見て、道具の価値は人それぞれなのだと改めて感じました。

　今まで私が出版してきた手織りの本では、いつも作品を通して様々な技法を紹介していました。でもこの頒布会がきっかけで、素材やたて糸の本数を限定したうえで、まず模様織りのモチーフを作った方がわかりやすく説明できるのではないかと気がつきました。

　この本に出てくるモチーフはすべて、卓上織り機（「ミニ織り」に合わせて20羽を使用）と「ミニ織り」で作ってあり、「ミニ織り」に合わせてたて糸の本数は26本か27本のどちらかに統一しています。

　モチーフだけではなく、それぞれのモチーフを生かしたたくさんの応用作品も用意しました。

　拾って模様を出すのは面倒だと思われる方もいると思いますが、拾うからこそできる柄もあります。例えば82ページのスウェディッシュレースのマフラーや210〜211ページの裂き織りマット＆バッグ。どれも両サイドに平織り部分を加えていますが、多ソウコウの織り機は一列総柄が基本なので、これらの作品は拾っているからこそできる柄です。あるいは、116ページのブンデンローゼンゴンのポシェット。ブンデンローゼンゴンはよこ糸が多すぎて丸まった織り地になりやすいのですが、こちらも両サイドに平織りを加えることで平坦なポシェットとして使いやすい織り地になっています。

　また、「ミニ織り」ならではの作品も44〜47ページや209ページに掲載しています。

せっかく織り機を持っているのについついサクサク平織りばかり……という方。ワンポイント

でもいいので模様織りを加えることで作品の幅は限りなく広がります！

この本がほんの少しでもそんなみなさんの創作意欲につながれば幸いです。

箕輪 直子

CONTENTS

この本の使い方

モチーフの写真
「咲きおり」または「ミニ織り」で織ったサンプルモチーフです。使用した糸についてはP.11とP.28で解説しています。本書内にちりばめられた参考作品は、すべて本書内で紹介した織り方で織っています。

織り図またはイラスト図
写真のモチーフを図にしたもの。織る際の参考にしてください。織り図の見方はP.10にあります。

織り技法
このページから始まるモチーフに使用している織り技法名と、それについての簡単な解説です。

解説
各モチーフについて、ごく簡単に解説しています。

Color & Yarn Variation
モチーフの色違い、または糸の種類を変えたバージョン。織り機は「咲きおり」または「ミニ織り」を使っています。糸色や糸の種類が変わったことによる織り地の雰囲気の違いを、ご自身で織る際の参考にしてください。

第1章

小さな織り機を使った
手織りの基本

本書のモチーフを織るための基本的な知識をまとめました。
卓上でできる小さな織り機を使って、手織りを始めてみませんか？

本書で使う織り機のはなし

● 使い勝手の良い卓上織り機

「咲きおり」（クロバー製）は、薄い板状のプラスチック（羽）でできた筬とソウコウが一体化した2枚ソウコウの織り機。筬ソウコウの溝にたて糸をはめ込むことで糸通しが完了し、また織っている途中でもたて糸をはずすことができるオープンリードと呼ばれる仕組みです。織り機の表面に整経台がついているため、たて糸かけから織り上がりまでの作業がすべてこの上でできるのが魅力。40cm幅、60cm幅の2種類があります。

筬ソウコウは20〜50羽までの4種類で、標準セットは30羽。本書では20羽を使用したが、本来は使用する糸の太さによって使い分ける。この筬ソウコウを手前にスライドさせることでよこ糸をスムーズに打ち込める。

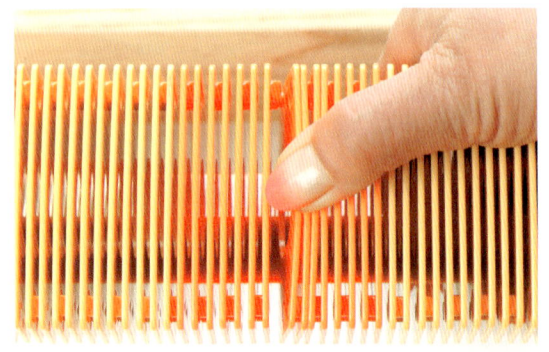

筬ソウコウの薄い羽には手前と奥に交互にポッチがついていて、筬ソウコウを前後に傾けることでたて糸がポッチに押されて開口する仕組み。

咲きおり

❶テンションバー　❷ワープスティック　❸シャトル　❹筬ソウコウ
❺バックローラー　❻ワープボード（整経台）　❼ホルダー　❽フロントローラー

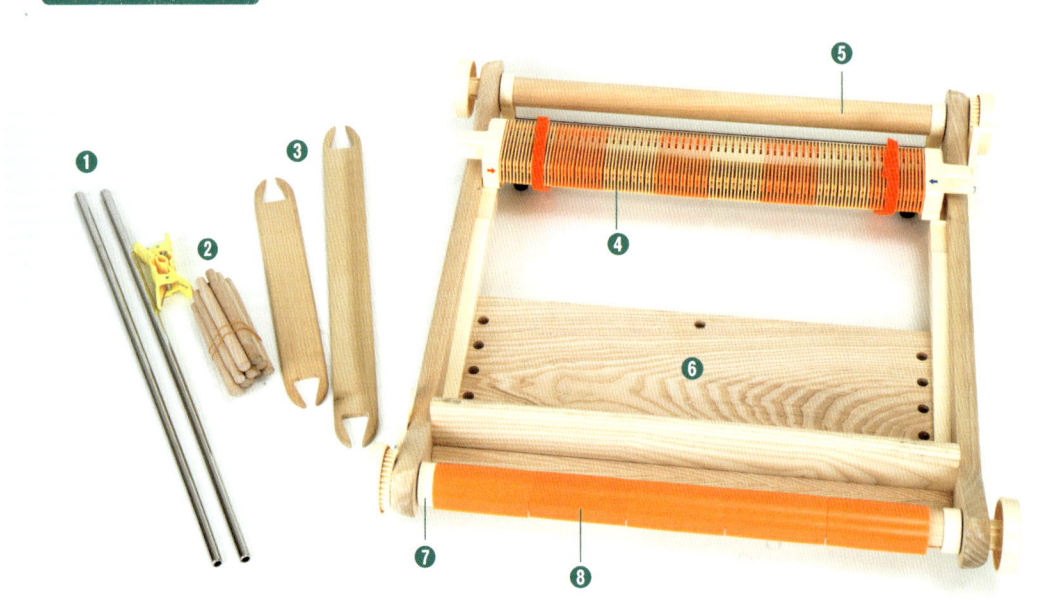

シンプルな造りの小型織り機

「ミニ織り」（クロバー製）は、約13cm四方の布が織れるシンプルな織り機。たて糸の張り方次第で房をつけられ、たて糸をつなぎながら織ることで長い作品にすることも可能です。織り羽は20羽で、たて糸27本まで。卓上のちょっとしたスペースでできるので、まずこの織り機で模様織りを試してみて、大きな作品を作るときは大型の織り機で……という使い方もできそう。小型なうえ、プラスチック製で軽いため、持ち歩きも可能。2台をつなげると倍の幅で織ることもできます。

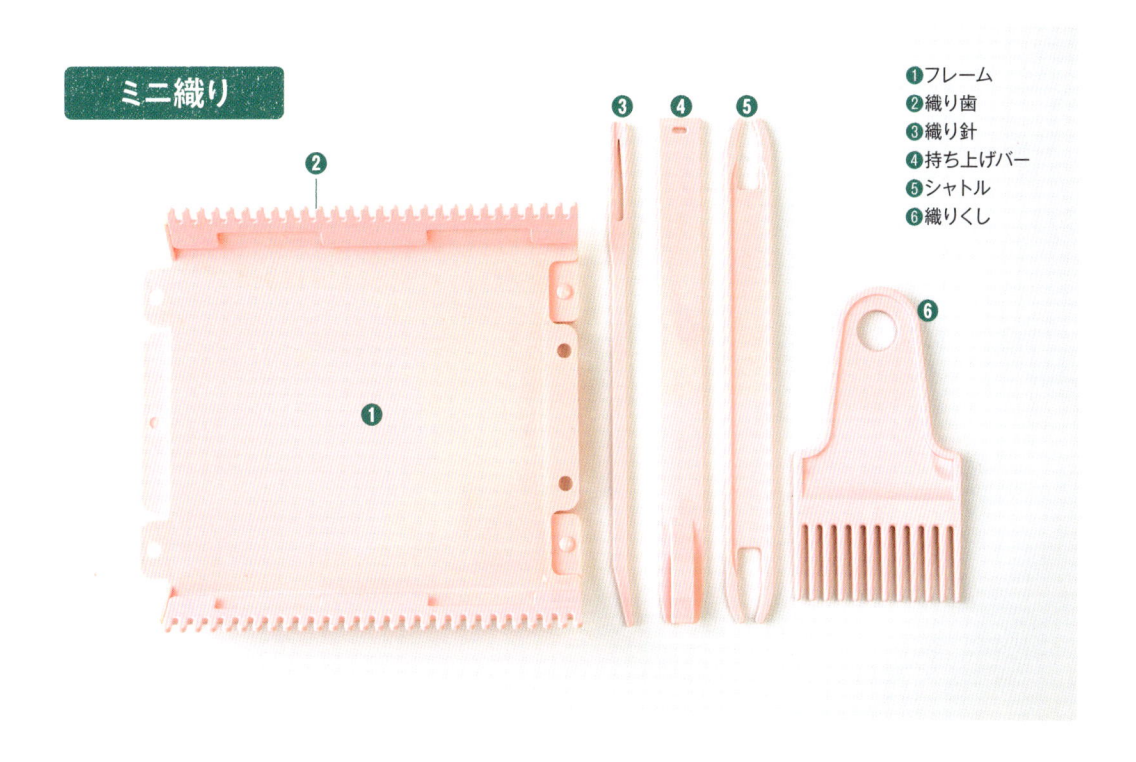

ミニ織り

❶ フレーム
❷ 織り歯
❸ 織り針
❹ 持ち上げバー
❺ シャトル
❻ 織りくし

その他の卓上織り機

2枚ソウコウの卓上織り機には、筬とソウコウが一体化したヘドル（またはリードとも呼ばれる）の穴と隙間に、それぞれたて糸を通す必要のあるクローズドリードと呼ばれるものもあります。本書ではオープンリードの「咲きおり」または「ミニ織り」を使いましたが、クローズドリードの織り機でも掲載したモチーフを織ることができます。

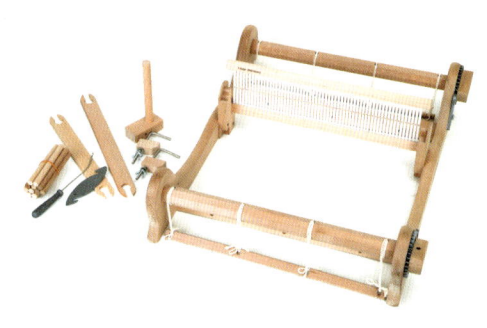

クローズドリードの「オリヴィエ」（ハマナカ製）

模様織りを織るための条件と織り図の見方

使用した織り機とたて糸の数

本書のモチーフは2枚ソウコウの卓上織り機（P.8の「咲きおり」あるいはプラスチック製の小さな織り機（P.9の「ミニ織り」）を使って織っています。「ミニ織り」では、かけられるたて糸の最大本数が27本であることから、すべてのモチーフのたて糸は26本か27本になっています。卓上織り機の場合は「ミニ織り」の密度に合わせて20羽ソウコウを使いました。

まずは本書のモチーフと同じサイズで織ってみて、模様の柄の出方などを試してみましょう。その後、卓上織り機ならたて糸を増やして織り地の横幅を広げるなど、アレンジすることができます。

織り図の見方と数字表への置き換え方

本書の織り図は表に見える糸色で表していて、下から上に織り進めていきます。表の下にある数字と色はたて糸の本数と糸色を、表の右側にある数字と色は段数とよこ糸の糸色を示します。また、織り図を見ながら織るもうひとつの方法として数字表に起こすこともできます。

例1）
P.118のモチーフ92、2/2綾織りは織り図1〜2段目で平織りを織った後、3〜6段目の4段が1パターンです。その1パターンを右下のような数字表に置き換えてみました。このマス目の中央の赤い横線は、閉じた状態のたて糸を表し、数字はよこ糸の動きを表しています。
①3段目の場合、右側（赤い数字）からたて糸を2本拾い、2本飛ばすのを繰り返します。②4段目は右から1本飛ばし、2本ずつ拾うと飛ばすを繰り返し、左端の1本を拾って完了です。拾う作業はピックアップスティック（P.28参照）があると便利でしょう。

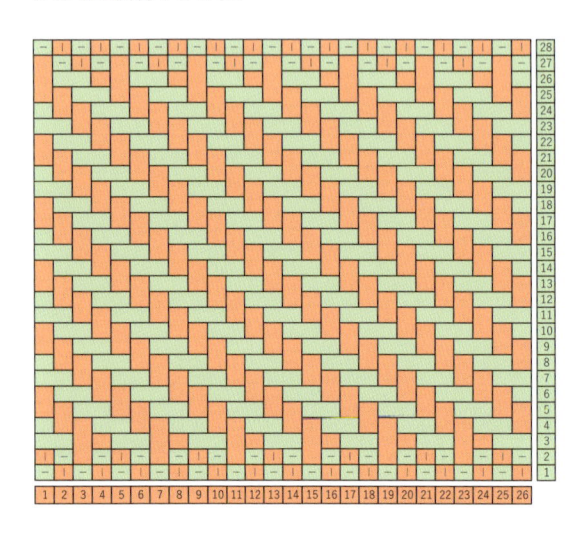

（ モチーフ92の数字表 ）

④6段目

	2		2		2		2		2		2		1
1		2		2		2		2		2		2	

③5段目

	2		2		2		2		2		2	
2		2		2		2		2		2		2

②4段目

1		2		2		2		2		2		2	
	2		2		2		2		2		2		1

①3段目

2		2		2		2		2		2		2
	2		2		2		2		2		2	

● 糸の条件を揃える

本書では、模様織りの柄の比較をしていただくために一定の条件を揃えました。使用糸は極太綿糸（75m/100g）と並太綿糸（43m/20g）を中心に使っています。中細綿糸（108m/25g）はオーバーショットのタビー糸として使い、つづれ織り、ブンデンローゼンゴンなどたて糸の見えない織り方のたて糸は並太綿糸を使っています。またノット織りとループ織りのよこ糸には並太毛糸（100m/40g）を使っています（糸について詳しくはP.28参照）。

例2)

P.142のモチーフ116、 オーバーショットのバーズアイです。このモチーフは初めに2段平織りをした後、3〜10段目の8段1模様の繰り返しです。これを数字表にすると右のようになります。

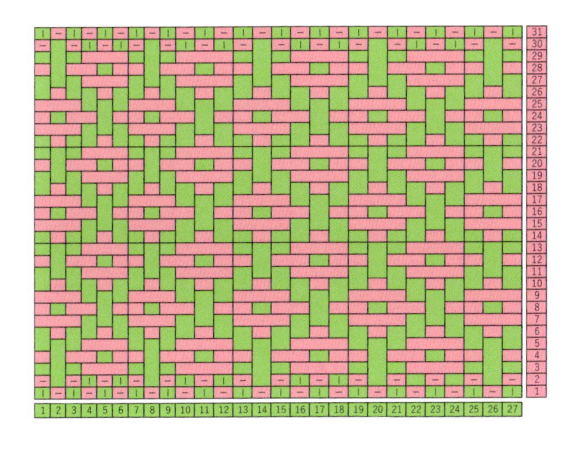

（ モチーフ116の数字表 ）

⑧10段目（6段目と同じ）

1	1	1	1	1	1	1	1	1	
1	2	2	2	2	2	2	2	2	1

⑦9段目（7段目と同じ）

3	3	3	3	3
	3	3	3	3

⑥8段目（4段目と同じ）

1	2	2	2	2	2	2	2	2	1
	1	1	1	1	1	1	1	1	

⑤7段目

3	3	3	3	3
	3	3	3	3

④6段目

	1	1	1	1	1	1	1	1	
1	2	2	2	2	2	2	2	2	1

③5段目

	3	3	3	3	
3	3	3	3	3	

②4段目

1	2	2	2	2	2	2	2	2	1
	1	1	1	1	1	1	1	1	

①3段目

	3	3	3	3	
3	3	3	3	3	

‖ 咲きおりの使い方 ‖

たて糸をかける

まずはたて糸をかけます。ここでは本書に掲載したモチーフを1枚織るサイズで説明します。

1 本書のモチーフのたて糸は約60cm。ワープスティックを写真のように3本立てる。ソウコウは20羽のものをセットする。

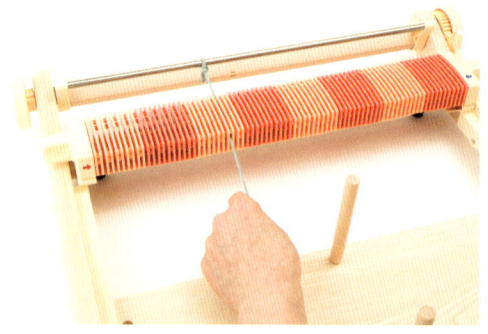

2 バックバーにたて糸の端を結びつけ、約13cm幅のところからソウコウに糸をはさみ込む。

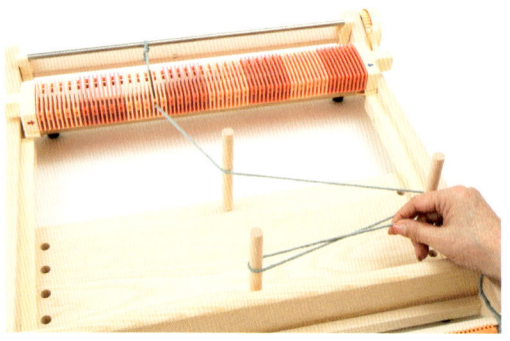

3 1で立てたスティックに中央奥→右→中央手前の順に糸を引っかけ、折り返して同じ順をたどって戻る。

4 2ではさんだソウコウのすぐ右隣に糸をはさみ込む。

5 バックバーで糸をUターンさせる。

6 3～5を繰り返して、必要幅のたて糸をかけて（本書のモチーフはすべて26本または27本）最後はバックバーに結びつける。

7 糸の束を別糸で結んでおく。

8 手前中央のスティックから糸をはずし、輪になった部分を はさみで切る。

9 たて糸を持ったままソウコウを傾け、開口（たて糸とたて 糸の間にできたよこ糸を通す隙間）にテンションバーを1 本入れる。

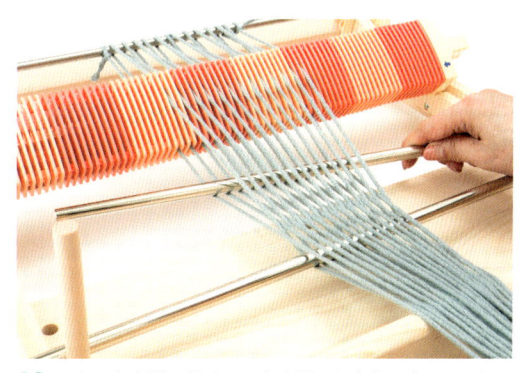

10 ソウコウを逆に傾けてできた開口にもう1本のテンショ ンバーを入れる。

11 2本のテンションバーをクリップで留め、両脇に立てた スティックの手前に置いて固定する。

12 バックローラーに巻紙をはさみながらたて糸を巻き取っ た後、バックローラーのストッパーをかける。

13 ときどきたて糸を整えながら、フロントローラーから10cmくらい残したところまでたて糸を巻いたら、テンションバーをはずす。

14 糸端を持ったままソウコウを手前まで移動させる。フロントローラーが動かないようにストッパーを面ファスナーで固定しておく。

15 オレンジのホルダーで幅を出しながらフロントローラーに糸を留める。たて糸の張りが一定になっているか確認する。

16 バックローラーの固定を解除し、巻紙をはさみながらフロントローラーを回して半回転分たて糸を巻き取る。

17 スティックをはずし、ソウコウをニュートラルポジション（奥）に戻す。

よこ糸を巻く

よこ糸はシャトルに巻いて使用します。シャトルへの巻き方は「咲きおり」「ミニ織り」とも同じです。

1 シャトルの端に糸端を結びつける。

2 上下のツノに引っかけながら数字の8の字を描くように巻いていく。

3 左右が同じくらいの量になるように、反対側にも同じように巻く。

Memo

シャトルによこ糸を巻く際、できるだけたくさん巻こうとしてしまいがちですが、シャトルによこ糸を巻きすぎると開口したたて糸の間に通しにくいので、ほどほどにしておきましょう。織っている途中で足りなくなったら、再度よこ糸をシャトルに巻いて、少し重ねて織り進めます（つなぎ方は P.18Memo 参照）。

基本的な織り方（平織り）

まずはもっとも基本的な「平織り」を織ってみましょう。平織りはほつれ止めや、模様織りの押さえなどさまざまなシーンで使います。

1 ソウコウを傾ける。ソウコウを手前または奥に傾けることで開口ができる。

2 できた開口に PP バンドを通す。PP バンドを通しておくとたて糸がまっすぐ揃う。

3 ソウコウを逆に傾けてできた開口にも 1 本の PP バンドを通す。

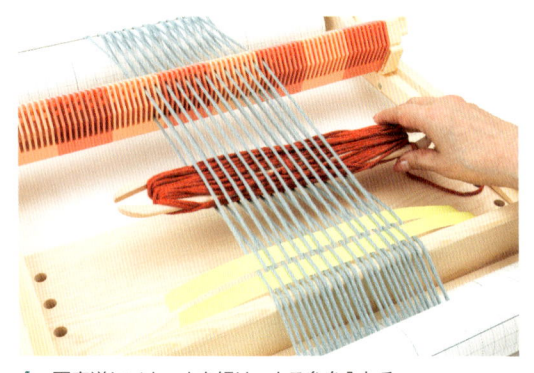

4 再度逆にソウコウを傾け、よこ糸を入れる。

5 ソウコウをまっすぐにし、手前に引き寄せて打ち込む。

6 織り始めの糸は織り幅の3〜4倍残しておく。

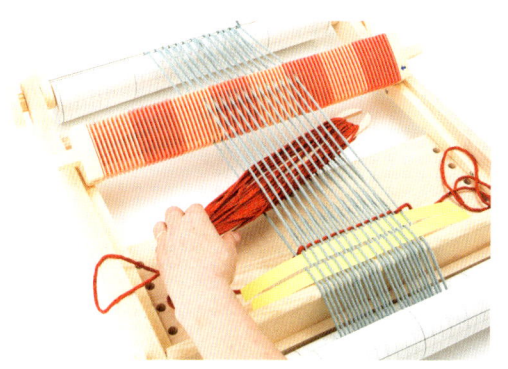

7 ソウコウを先ほどと逆に傾け、よこ糸を入れる。

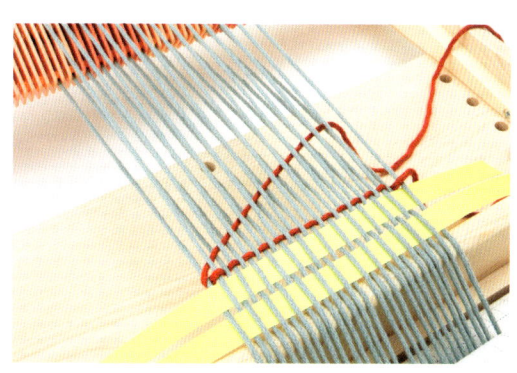

8 織り縮みを防ぐために、よこ糸は角度をつけて通し、余裕を持たせる。

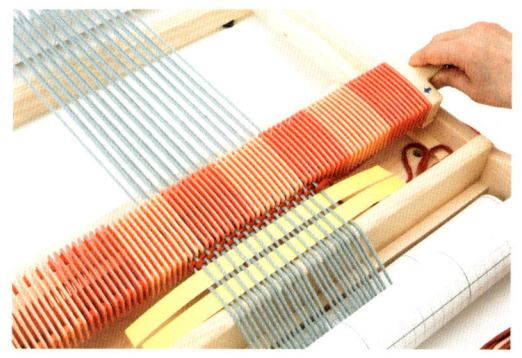

9 ソウコウを手前に引き寄せて打ち込む。

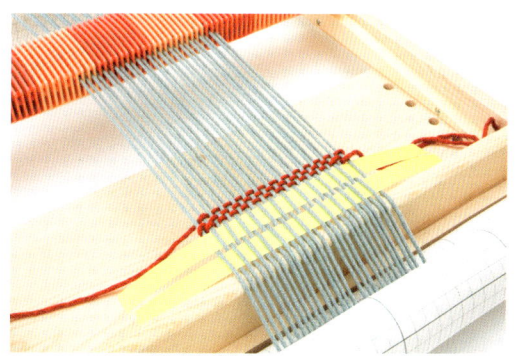

10 同じようにソウコウを傾けて、よこ糸を通し、打ち込むのを繰り返す。3段織れたところ。

Memo

本書の多くのモチーフは、手順 **11 ～ 14**、手順 **16 ～ 19** のようにヘムステッチで房の始末をしています。つづれ織りなどで房を織り地に縫い込む、あるいはネクタイ結びをする場合は、手順 **6** の時に細い糸で3段平織りをしてほつれ止め（後から抜く糸）にします。

11 織り始めの糸をヘムステッチで処理する。PPバンドは抜き、織り始めの糸をとじ針に通して、たて糸数本（ここでは2本）をすくう。

12 2本のたて糸に巻きつけるようにしながら、織り地の2段目と3段目の間から針を出す。

13 糸を引き締めたら、次のたて糸2本をすくう。

14 たて糸の3本目と4本目の間、2段目と3段目の間から針を出して引き締める。

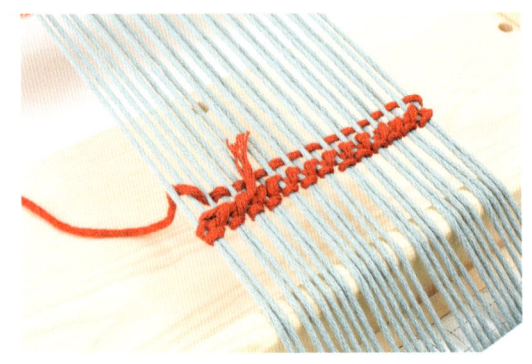

15 同様に左端まで終わったところ。糸端は織り地の中に通して始末する。

Memo

よこ糸が途中でなくなったら、たて糸数本分（ここでは約10本）程度重ねて入れて織ります。中央よりは端寄りがよいでしょう。

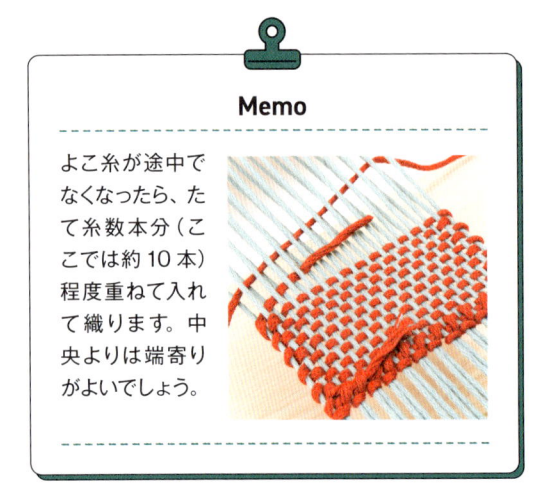

16 最終段まで織ったら、よこ糸は織り幅の3〜4倍残して切る。糸をとじ針に通してヘムステッチをする。たて糸を端から数本（ここでは2本）すくう。

17 2本のたて糸に巻きつけるようにして、たて糸の1本目と2本目の間の2段下から針を出す。

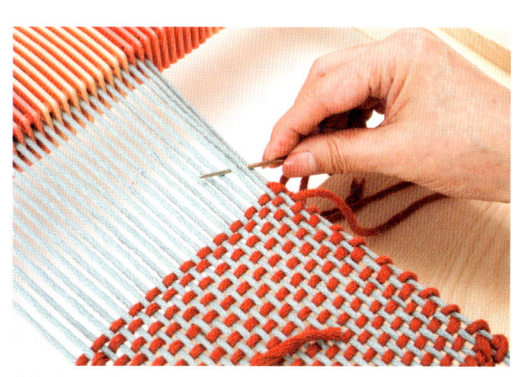

18 糸を手前に引っぱって引き締めたら、次の2本をすくう。

19 17と同様に2段下から針を出して引き締める。

本書のモチーフはたて糸26本または27本の約13cm四方。模様織りの練習として作ったモチーフはくるみボタンの髪飾りにしたり、ブローチにしたりするのもおすすめ。モチーフ1枚で2個できます。

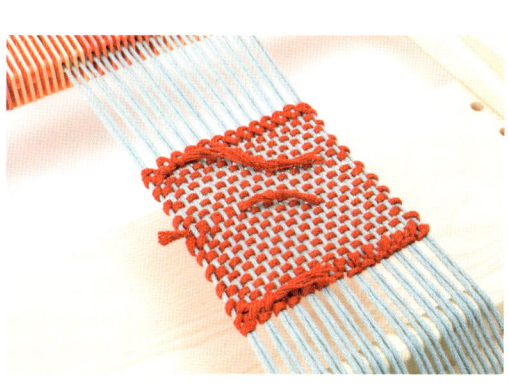

20 同じように端まで繰り返したら、糸端は織り地の中に通して始末する。たて糸を織り機からはずし、カットする。

║ ミニ織りの使い方 ║

たて糸のかけ方（房なしにする場合）

「ミニ織り」の基本のたて糸のかけ方です。ただし、このやり方では房はつきません。

1 たて糸の端を織り機の右下の穴に下から通して結ぶ（糸端を引くと簡単にほどける結び方にしておくとよい）。

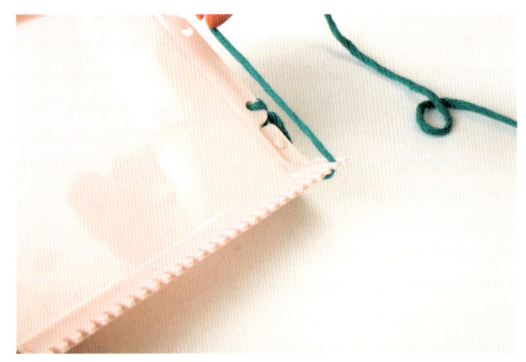

2 裏を通って、下端の溝にかける。

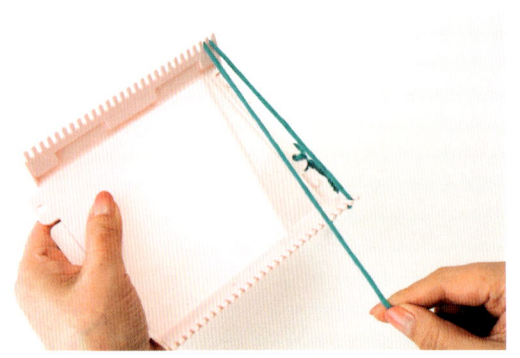

3 上の溝に糸をかけて折り返す。同様に、上下の溝に順にかけていく。

4 同様に最後まで糸をかけたところ。端から端まで糸をかけると、27本（20羽）になる。

5 最後は裏を通って左上の穴に下から通して結び、10cm程度残してカットする。

Memo

途中でたて糸の張り具合を確認しましょう。やや強めに張るのがポイント。織っているうちにゆるんでくるので、なるべくきっちり張りましょう。また、均一な張り具合にすることも重要です。

基本的な織り方（房なしにする場合）

「ミニ織り」の基本的な織り方です。平織りはもちろん、模様織りをする際はこの織り方で織ります。

1 持ち上げバーで偶数列のたて糸を拾う。

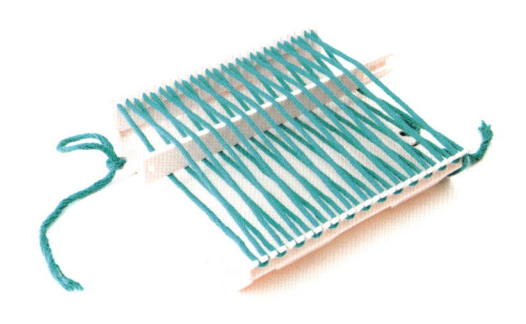

2 偶数列をすべて拾ったら持ち上げバーを立てる（偶数列が上、奇数列が上になる）。

3 2でできた開口に、シャトルに巻いたよこ糸を通す。

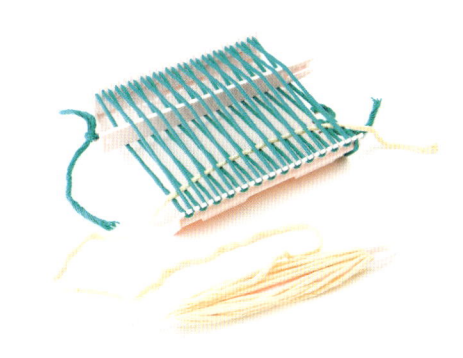

4 糸端は約5cm程度残し、山形にゆるみをもたせる。

5 持ち上げバーを倒し、織りくしの先でよこ糸を手前に打ち込む。これで1段目が織れた。

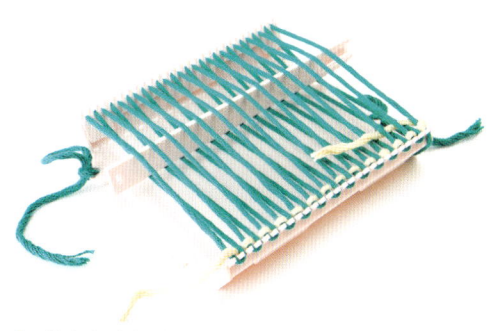

6 持ち上げバーをいったん抜き、奇数列のたて糸を拾って、立てる。

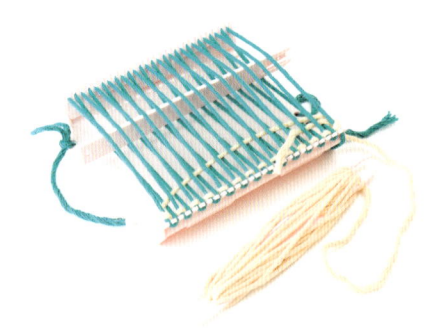

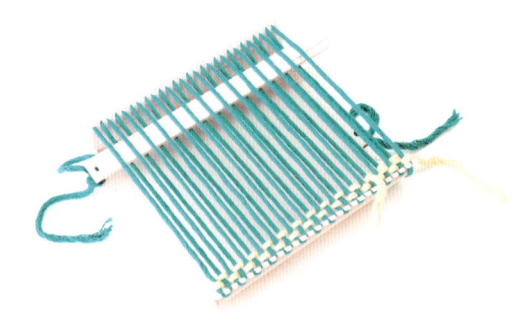

7 6でできた開口によこ糸を通す。織り始めの糸は上に折り返してたて糸5本分くらい2段目と同じ開口に入れておく。

8 織りくしの先でよこ糸を打ち込む。2段目が織れたところ。

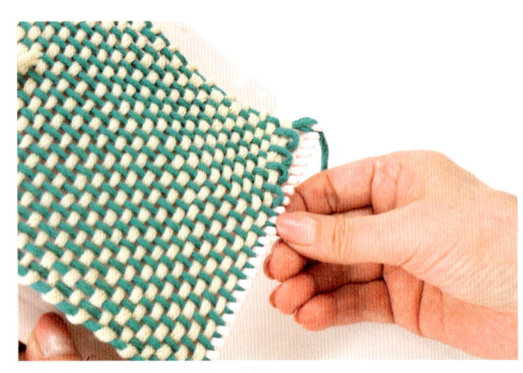

9 3段目以降も同様に織る。シャトルが通しにくくなったら織り針に通して織る。最終段のよこ糸は前段のよこ糸に重なるようにたて糸の間に差し込む。

10 織り地を織り機からはずす。

11 たて糸の糸端は織り針に通し、端の隣列のたて糸に約3〜5cm重なるようによこ糸の間に通す。

12 余分な糸端はカットする。端がゆるんでいるようなら、織りくしで整える。

上下から織り進める

「ミニ織り」では上下から織り進めていくことができます。上下がシンメトリーな模様の場合はこの
方法で織ると時短で、端がきれいに織れます。

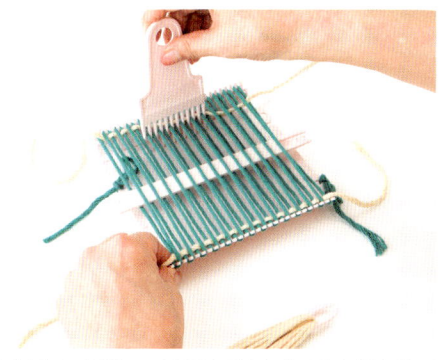

1 「ミニ織り」は上下から織り進めることもできる。よこ糸は
2セット用意し、持ち上げバーを中央で立てて、上下によ
こ糸を入れる。

2 持ち上げバーを倒し、上下それぞれによこ糸を織りくしで
打ち込む。

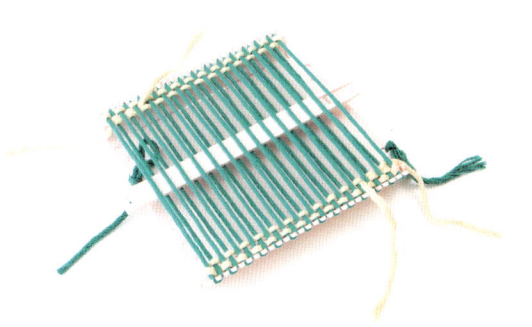

3 上下から各2段ずつ織れたところ。織り始めの糸は上下
とも2段目と同じ開口に入れておく。

4 上下から各5段ずつ織れたところ。同様にして中央に向
かって織っていく。

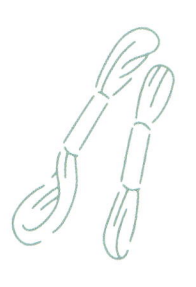

5 最後は辻つまが合うところで糸を重ねて終わる。たて糸、
よこ糸はP.22同様に始末する。

房ありにするときのたて糸のかけ方・織り方

「ミニ織り」で上下に房をつけたいときは、たて糸のかけ方を工夫し、織り方は基本と同様に織ります。

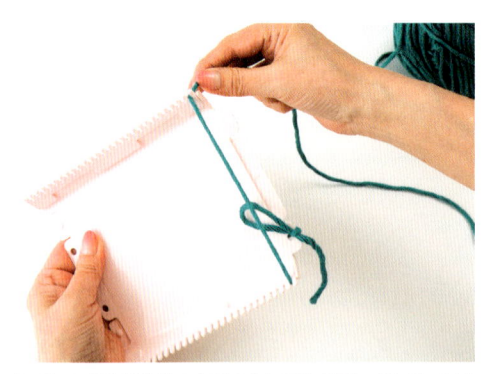

1 たて糸の端を織り機の右下の穴に下から通して結び、裏を通って下端の溝にかけ、上端の溝にかける。

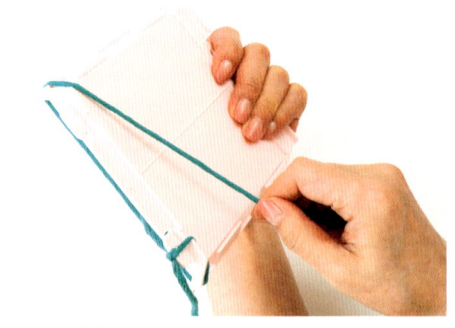

2 そのまま織り機の裏を通す。

3 表に回し、端から2つ目の溝にかける。

4 同様に裏を回って下から上にかけるのを繰り返して、すべての溝にかける。

裏側から見たところ。

5 すべての溝にかけ終わったら左上の穴に下から通して結ぶ。糸端は10cm程度残しておく。

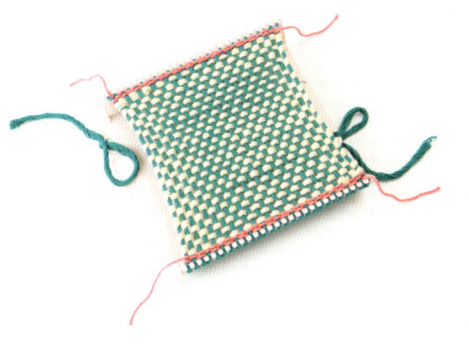

Memo

房ありにする場合は織り始めと織り終わり（上下）に別糸で平織りを3段ほど織っておくとほつれ防止になります。こうすることで、織り機から織り布をはずしたとき、端がゆるみません。

6 織り方はP.21〜23と同様。房ありにする場合は上下にほつれ止めを入れる。写真は織り終わったところ。

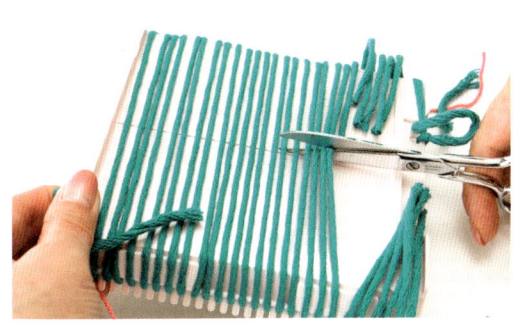

7 織り機を裏返し、フレームのセンターラインに沿って糸をカットする。

8 織り機からはずす。上下に房ができている。

9 ほつれ防止に織った糸をはずす。端から引っぱると織り地が崩れるので、まずは中央あたりで切る。

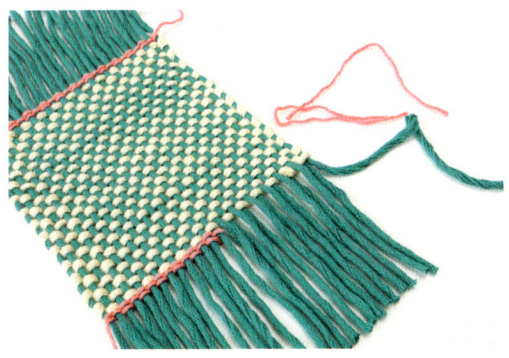

10 左右から引いて取り除く。房の始末をする（ネクタイ結びはP.27参照）。

たて糸をつなげながら織る

「ミニ織り」で織った小さなモチーフは、たて糸をつなげながら織ることで大きな作品にすることができます。モチーフをつなげて織った作品例は P.44〜47 にあります。

1 モチーフを織り機の手前に置く。たて糸を右上の穴に結び、糸端を織り針に通して上の溝から下の溝へ引っかけ、モチーフの右上端のループに下から通す。

2 ループに通した糸を下の溝から上の溝にかけて、また下の溝に通す。

3 同じようにして左端まで、ループを拾いながら下から上にたて糸を張っていく。

4 最後まで張り終えたところ。糸端は左下の穴に通して結ぶ。P.21〜22 と同様に織ると、1 枚目のモチーフとつながる。

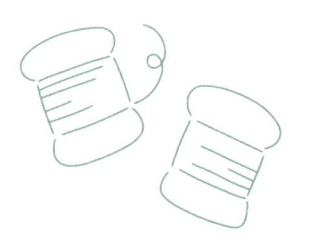

Memo

「ミニ織り」のたて糸の長さは約4mです。つなげる場合は、あらかじめその長さに切ったたて糸を用意しておくとよいでしょう。

房の始末

ネクタイ結び

上下の房は数本ずつ結ぶと、ほつれ防止になります。ネクタイ結びは結び目が小さく、すっきりとした仕上がりになります。

1 たて糸の本数に対して割り切れる数（3本以上）で結んでいく。ここでは3本を手に取り、そのうちの1本で残りの2本を結ぶ。

2 3本ずつのネクタイ結びをしたところ。すべて結び終えたら、好みの長さに切り揃える。

左右に房をつける

左右に房をつけたい場合は別に糸を用意して、かぎ針を使って1本ずつつけていきます。

1 約10cmにカットした糸を用意する。織り地の端にかぎ針を差し入れ、2つ折りにした糸の輪を引き出す。

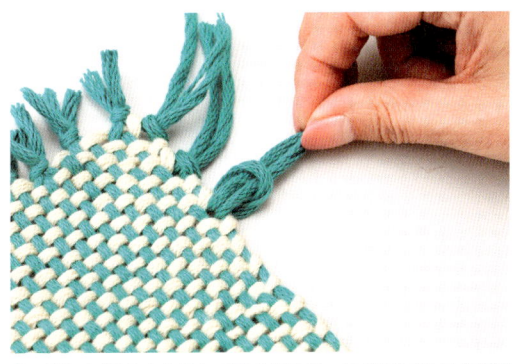

2 輪に糸端2本を入れて引き締める。最後に房の長さを切り揃える。

Memo

房の始末について

本書のモチーフでは3パターンの房の始末をしています。

1．房のない織り方をする
これは「ミニ織り」だからできる織り方ですのでP.21～22を参照してください。

2．ヘムステッチ
本書のモチーフの多くがこの方法で、織り始めのよこ糸を織り幅の3～4倍残しておいて織り地に縫いかがりながら留めていきます（詳しいやり方はP.17-11～P.19-20）

3．織り地の中に房を縫い込む
織り始めと織り終わりにほつれ止めを入れて、織り機から織り地をはずした後に織り地の中に房を縫い込んで始末します。つづれ織りやノット織り、ブンデンローゼンゴンなど、たて糸が細く、織った後にたて糸が見えない織り地の多くはこの方法です。ほつれ止めは最終的には抜き取ってしまうものなので、細い糸であれば素材にはこだわりません。

本書のモチーフに使用した糸

本書に掲載したモチーフは極太綿糸、並太毛糸、並太綿糸、中細綿糸の 4 種類の中から、さまざまな色を選んで組み合わせて織りました。糸が違うと、たて糸の本数を同じにして織り図をたよりに織っても、見え方が違う織り地になることがあります。作品を作り始める前に、まずはお手持ちの糸で試し織りをしてみましょう。

❶極太綿糸：NaturaXL（DMC）
❷並太毛糸：ホームメイド ピュアウール
　　　　　　並太（ハマナカ）
❸並太綿糸：HAPPY COTTON（DMC）
❹中細綿糸：Trad Cotton（横田）

便利な道具

模様織りをする際にあると便利な道具を紹介します。
なくても作業はできますが、あればより楽しく進められます。

ピックアップスティック

模様織りや透かし織りの際、拾った糸の間に通して立てておくことで、シャトルが通る幅にたて糸を開口できる。

マグネットマーカー

メタルプレートとマグネットバーのセット。図案をプレートの上に置き、織る段に合わせてマグネットを置いて、1 段終わるごとにマグネットをスライドさせていくと間違えずに織り進むことができる。

第2章

平織りから展開する
色糸効果

平織り／縞／格子（チェック）／網代織り／ななこ織り

平織り

平織りは手織りの一番の基本で、
たて糸とよこ糸が、1本おきに交互に組み合わさる技法。
たてよこの糸の色を変えると縞や格子になります。

01

01 たてよことも同じ太さの極太綿糸でモチーフを作りました。織り目がわかりやすいようにたて糸とよこ糸で色を変えています。打ち込みの強弱にブレがあると整った織り地にはなりません。打ち込みが一定になるように注意しましょう。

Color&Yarn Variation

A：たて糸は並太綿糸、よこ糸に極太綿糸を使いました。正確な平織りはよこ糸が45度ですが、たて糸が細い分詰まって30度程度になっています。

B：たてよことも並太綿糸を使用。このモチーフの密度では細すぎるため打ち込みすぎないよう加減を調節して織っていますが、本来この糸の場合は30羽ソウコウが適正です。

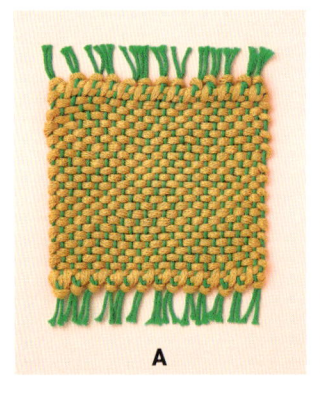

A

B

まずは平織りをきれいに織りましょう

平織りから展開する模様

織り組織の基本は平織り・綾織り・朱子織りと言われていますが、なんといっても根本的な織り方は、たて糸とよこ糸が1本ずつ交互に交差する平織りです。

平織りはたてよこ同じ色であれば無地になりますが、色を組み合わせることで縦縞や横縞、縞を組み合わせることで格子（チェック）など幅広く応用できます。また平織りは、織り始めや織り終わりに入れるほつれ止めとしても使います。ほつれ止めには細い糸を使い、最終的には抜き取ってしまいます。

05 縦縞

02 横縞

13 格子（チェック）

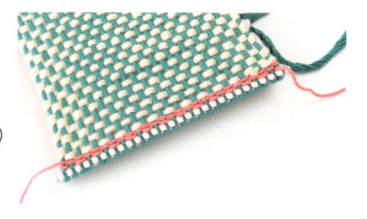

ほつれ止め
（細いピンクの糸）

ソウコウの密度と糸の太さ

平織りをきれいに織るにはソウコウの密度と糸の太さを選ばなくてはなりません。本書のモチーフは20羽／cmなのでP.30のモチーフ01はそれに合った極太綿糸を使いました。

同じ20羽／cmでもP.30下のAはたて糸に並太綿糸、よこ糸は極太綿糸の組み合わせで織った平織りです。打ち込み加減を調整しているので平織りの織り地に見えますがしっかり打ち込むと詰まってたて糸の見えないつづれ織りのようになってしまいます。

さらにP.30下のBは、たてよことも並太綿糸で織りました。一応織り地になっていますが、ゆるゆるなので実用性はありません。このように、ソウコウの密度と糸の太さが合わないと織り地が全く違うものになってしまいます。

打ち込み加減で変わる織り地

手織りは糸選びもですが、打ち込み加減や、よこ糸の引き加減も重要です。下のCは平織り、Dは綾織りの悪い例です。

C、Dはたてよことも極太綿糸を使っていますが、打ち込みの加減が一定でなかったり、よこ糸のゆるみや引っぱり加減が一定ではないときれいな織り地にはなりません。

せっかく織るのだから丁寧に作業しましょう。

C

D

縞

よこ糸に変化をつけるだけで織りの世界は広がります。
平織りでたて糸の色を変えれば縦縞、よこ糸の色を変えれば横縞になります。
ただザクザク織るだけではない、はじめの一歩を体験しましょう。

02

02 | 黒1色のたて糸に、よこ糸は4段ずつの偶数段で紫・緑・黄色を織り込みました。色の組み合わせによって、エスニックな色合いの仕上がりになりました。

03

02のよこ糸が4段ずつの偶数段なのに対し、3段+たて糸と同じ色糸の平織り1段でよこ糸を入れました。奇数段でよこ糸を入れると縞の柄の上下がシンメトリーになります。

03

Color&Yarn Variation

04

たて糸は1色なのに対し、よこ糸に2段ずつ複数色を入れました。間にたて糸と同じ色を加えることでバランスがよくなります。細かい縞は織り地が繊細に見えます。

04

Color&Yarn Variation

05

02はよこ糸を4段ずつ入れて横縞にしましたが、このモチーフではたて糸を4本ずつの縦縞にしています。たて糸をかけるときにひと手間かかりますが、よこ糸は1色なのでサクサクと織り進められます。

05

06

たて糸を3等分に色を分け、太い縦縞にしました。よこ糸は深緑1色です。このモチーフは「ミニ織り」を使い、四隅に房のない織り方（P.21参照）をしています。

Color&Yarn Variation

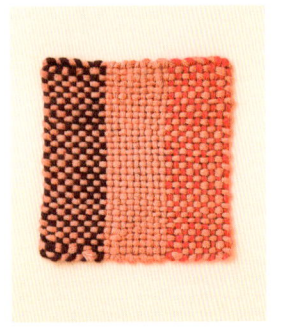

06

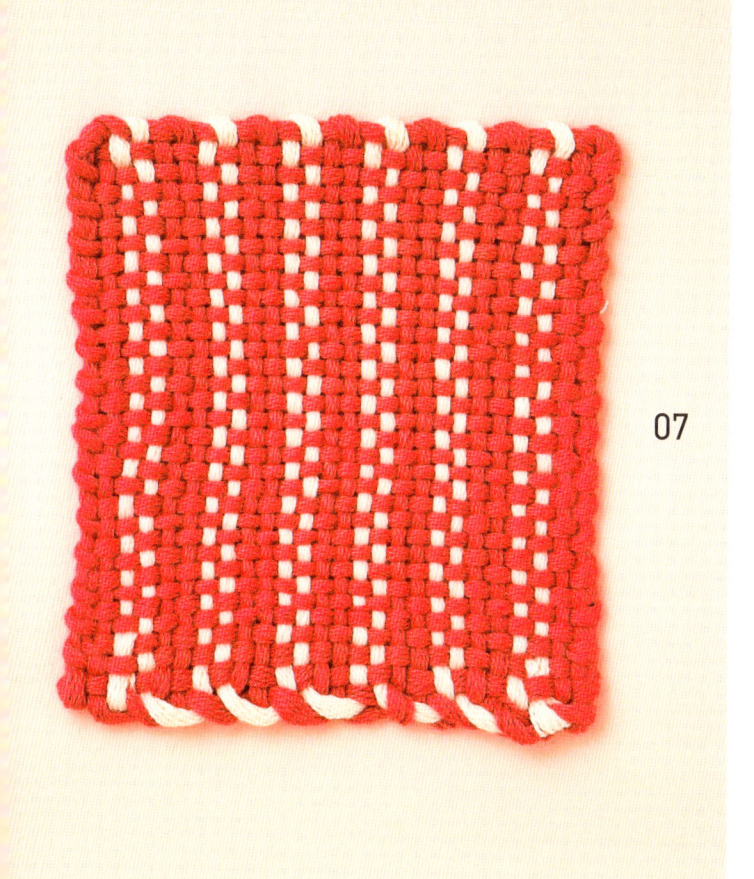

07

たて糸を細かく2本ずつの縞にしました。06と比べて、同じ縦縞でも雰囲気が変わります。このモチーフは「ミニ織り」を使い、四隅に房のない織り方（P.21参照）をしています。

07

Color&Yarn Variation

08

2色の糸でたて糸半分ずつ、よこ糸半分ずつの大きなチェックを織りました。手織りは絵の具の色合わせと同じなので、たてよこの色が違う部分は2色が混ざり合った色合いになります。このモチーフは「ミニ織り」を使い、四隅に房のない織り方（P.21参照）をしています。

08

格子（チェック）

たて糸とよこ糸の組み合わせによってできるのが格子、つまりチェックです。
チェックは色の組み合わせによってデザインの世界が大きく広がります。

09

09 たて糸とよこ糸が2本・2段ずつの格子を「千鳥格子」と言います。鳥が飛び立つ様子に似ていることからその名前がつきました。メリハリのある黒と白の組み合わせですが、メリハリの少ない色の組み合わせなら優しい仕上がりになります。

Color&Yarn Variation

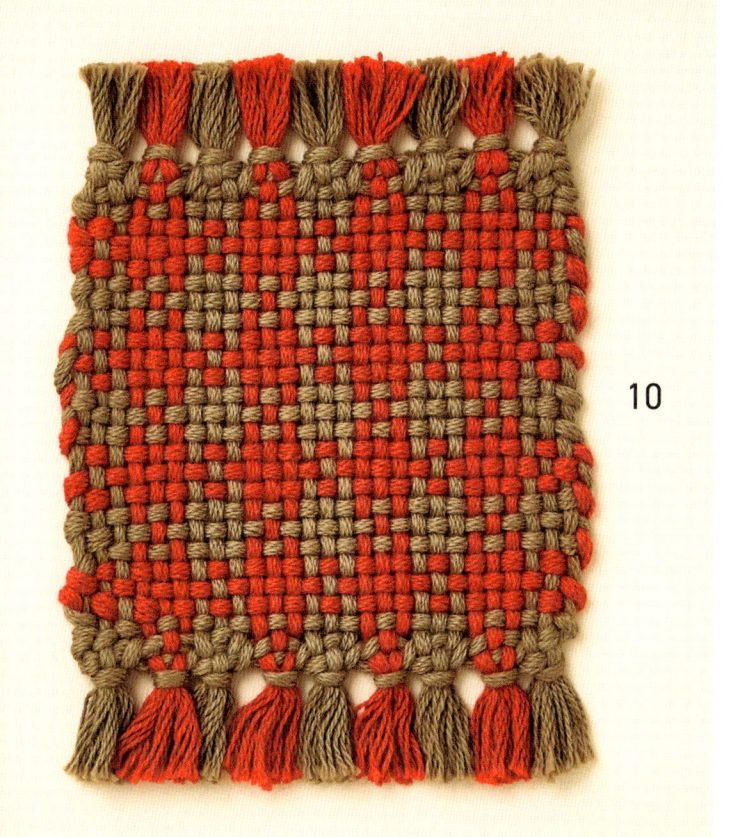

10

10

たて糸よこ糸ともそれぞれ3本・3段ずつの格子です。このモチーフはトーンが近い2色での格子ですが、2色の濃淡をはっきりさせるなど色の選び方によって同じ格子でも雰囲気は変わります。

Color&Yarn Variation

同じデザインの色違い。メリハリのある色の組み合わせです。

11

たて糸よこ糸ともそれぞれ5本・5段ずつの格子です。左右上下にシンメトリーとするのにたて糸が27本のため、両端のたて糸は6本にしています。

Color&Yarn Variation

11

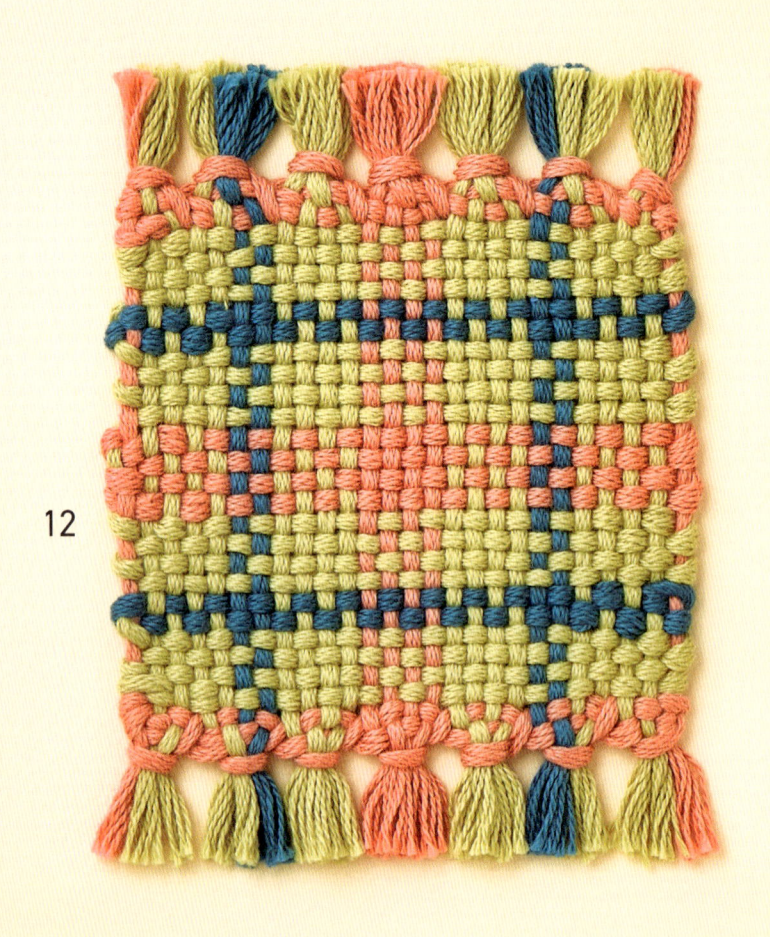

12

12 3色を使った格子です。ターコイズブルーが差し色となり、バランスの取れた色の組み合わせです。P.42のコースターは、12、13、14を元に色数を増やして作りました。

Color&Yarn Variation

同じデザインの色違い。シックなできあがりになりました。

13

2色の糸を使った格子ですが、幅に変化を持たせました。

13

14

2色の糸を使った格子です。たて糸のちょっとした変化でイメージは変わります。

Color&Yarn Variation

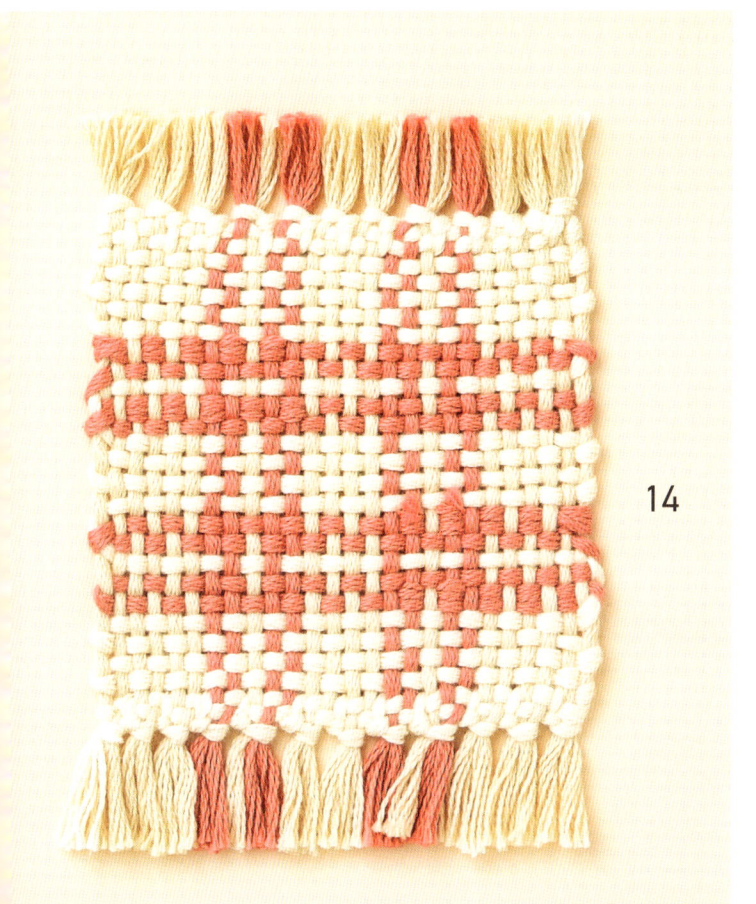

14

15

15 2色の糸を使って細かいチェックをモチーフにしました。このモチーフを応用してP.43の
マットを作っています。

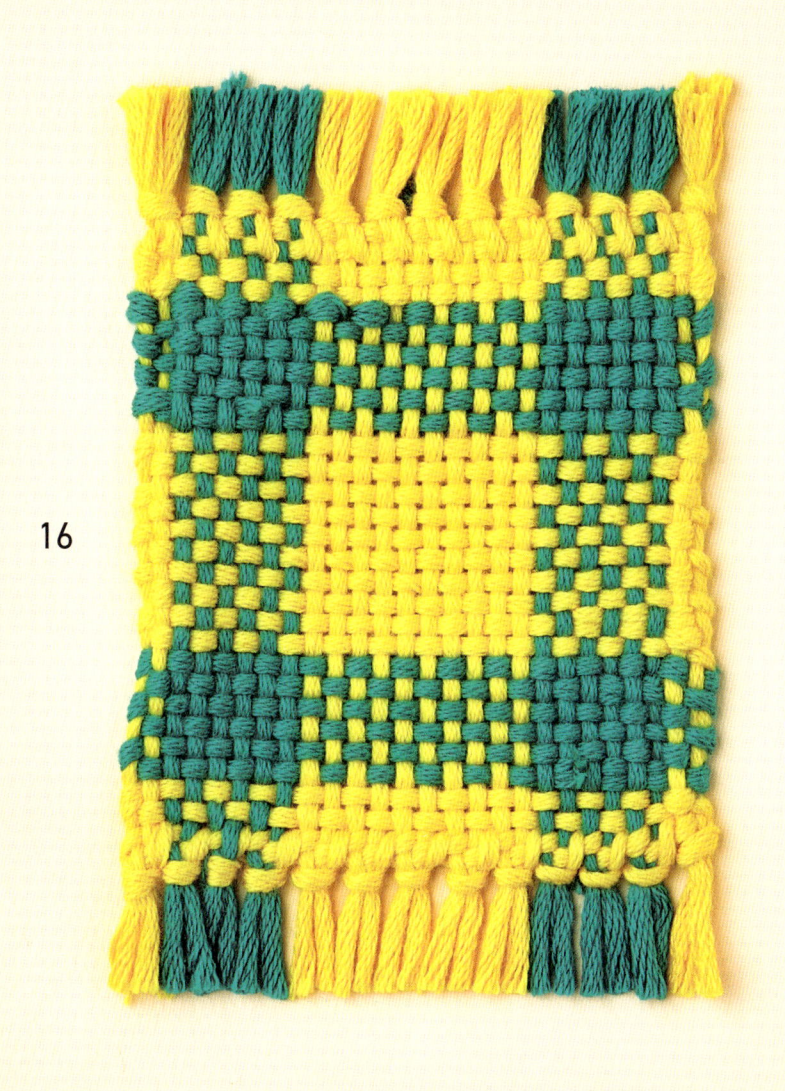

16

16 2色の糸で15よりも大きな格子にしました。15と同様、P.43のバッグの元デザインとなる
モチーフです。

タータンチェックのコースター

➡ モチーフ **No.12**（P.38）、**No.13・14**（P.39）を応用

チェック柄のモチーフサイズをそのままに、織り始めと織り終わりのたて糸はネクタイ結びにし、左右にもよこ糸と同じ色の房をつけてコースターに仕上げました（房のつけ方は P.27 参照）。試し織りをしたものでもちょっと工夫するだけで普段使いできる小物にすることができます。

段染め糸を使ったチェックのバッグ&マット

➡ モチーフ **No.15・16**（P.40・41）を使用

黒糸と段染め糸を組み合わせ、16 の大きな格子でトートバッグ、15 の小さい格子でマットを作りました。段染め糸を使うと、同じチェック柄でも単色糸を使う場合とは違う雰囲気が出て素敵。卓上織り機 30 羽を使いました。

「ミニ織り」でつなげて織って作る小物

8枚つなぎのかご

コースターサイズのモチーフ8枚を風車のように織りつなげながら織ってできる小物入れ。織り上げたら折り曲げて4ヵ所をつなぎ合わせるように綴じればできあがりです。折った内側にボール紙などを入れると形が安定します。

❶ ①〜⑧の順に織り上げたら、山折り、谷折り線で折る。
❷ 最後に青色の線で山折りし、矢印の部分どうしを綴じる。

------------------ 谷折り
—━—━—━—━— 山折り

本書で紹介したコースターサイズのモチーフを、
織り地をつなげながら織って（織り方は P.26 参照）小物に仕立てました。
いくつかの模様を組み合わせることもできます。

5枚つなぎの平ポーチ

コースターサイズのモチーフ 5 枚を織りつないだら、折りたたんで綴じ合わせてできるポーチ。柄の出
方や色の組み合わせを楽しんで作ってみてください。

‑‑‑‑‑‑
山折り

❶ 5枚をつなげて織っ
たら、黒の山折り線で
折って綴じ合わせる。
❷ 1と5のどちらか
を蓋にするか決めて、
蓋にしないほうは内側
へ青線で折る。蓋の先
端にループをつけ、前側
中心にボタンをつける。

はぎ合わせではなく、たて糸の半分幅ず
つずらして織りつないで（P.26 参照）、
マフラーに仕立ててあります。こちらは
白と黒の 2 色だけでいくつもの模様織
りを組み合わせています。シックだけれ
ども楽しいマフラーになりました。

ハックレースの互い違いマフラー

左ページと同じように半幅ずつつなげながら織っていますが、こちらはハックレース（P.76-45）のみで2色の織り地にしています。ふんわりした織り地なので暖かいマフラーになりました。

網代織りと色糸効果

「網代天井」をご存じでしょうか。

薄く切った木や竹を組み合わせて作る天井の柄のことで、茶室などによく使われます。

その組み合わさった柄と似た模様が出る織り方ということから「網代織り」と呼ばれています。

17

18

17

26本のたて糸のうち半分は赤・白・赤・白……でかけ、残り半分は白・赤・白・赤……と順番を逆にします。よこ糸も赤・白・赤・白……の順で半分まで織り、残り半分は白・赤・白・赤……で織ります。技法としては平織りなのですが、おもしろい柄ができます。

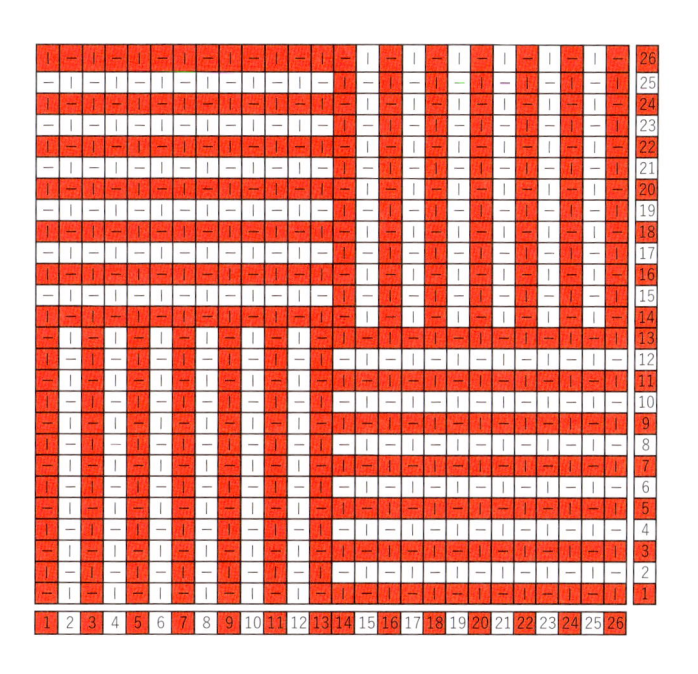

18

17は半分でたて糸の色を逆にしましたが、本数に決まりはないのでお好みで網代のサイズは変えられます。ここでは26本のたて糸を7本・6本・6本・7本の4ブロックにしました。

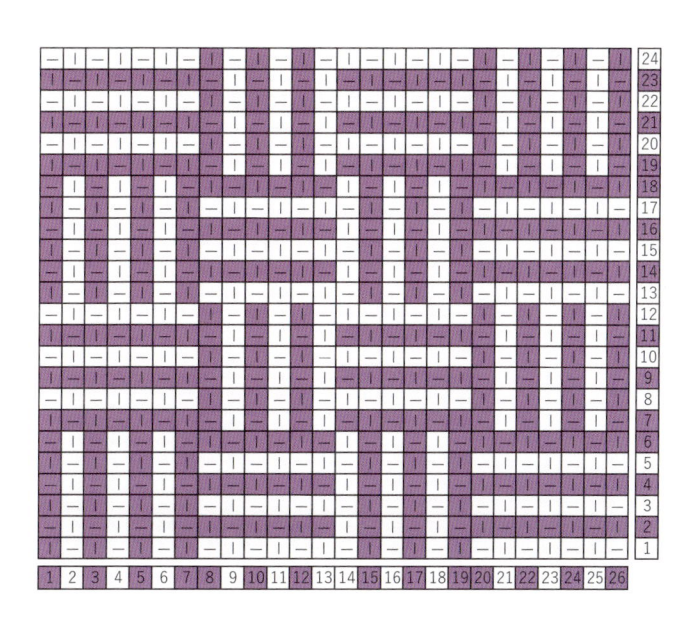

19

19 4本ずつ、最小単位の網代模様です（このモチーフでは両端は5本ずつ）。繊細な幾何学模様になるのが特徴です。

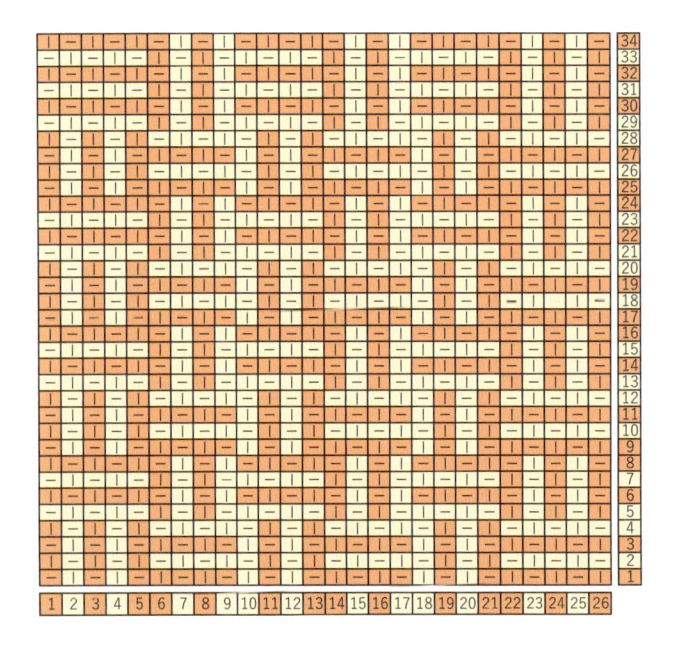

20

20

網代模様は正方形とは限りません。たて糸の本数を変化させたり、よこ糸の段数を多くしたりすることで縦長や横長のブロックにすることもできます。

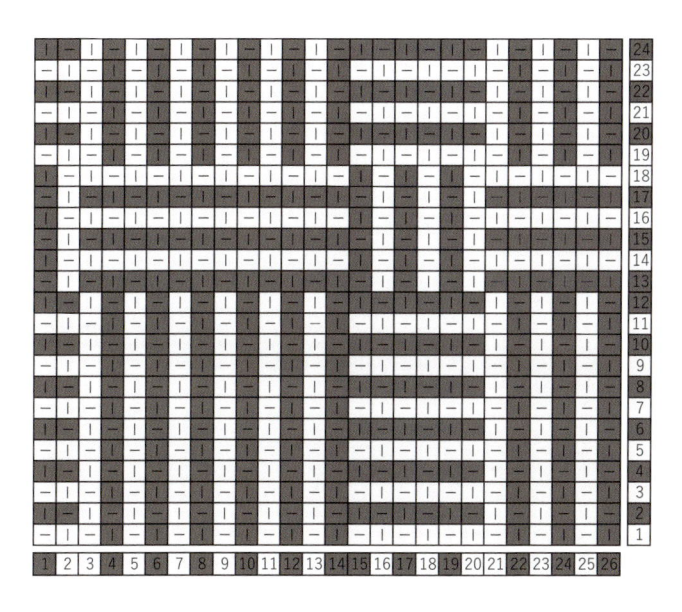

Color&Yarn Variation

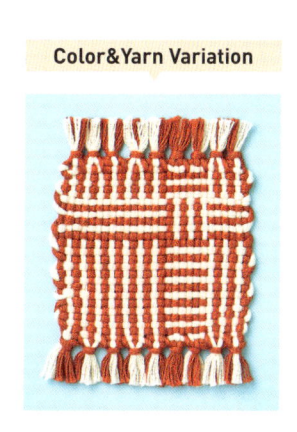

21

網代織りではありませんが、2色の糸のたて糸本数・よこ糸段数を入れ替えることで不思議な幾何学模様ができます。2色の色は濃淡の差があるものを選ぶと効果的です。

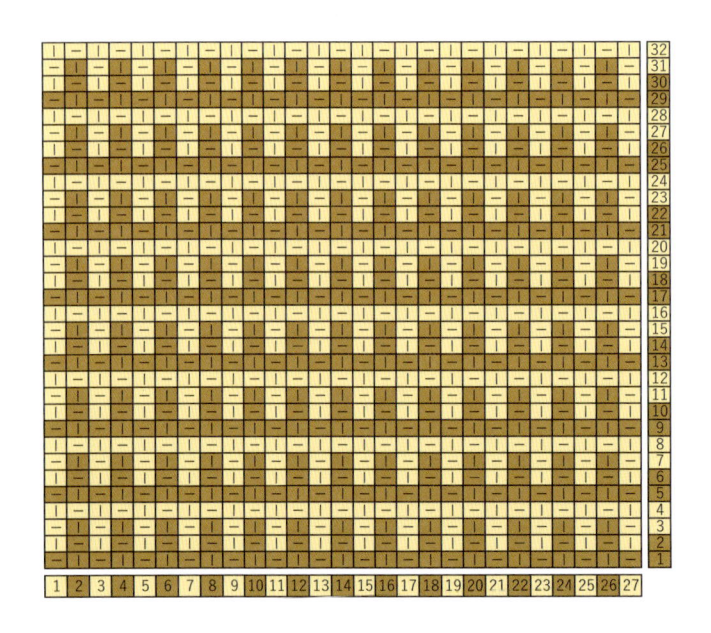

Color&Yarn Variation

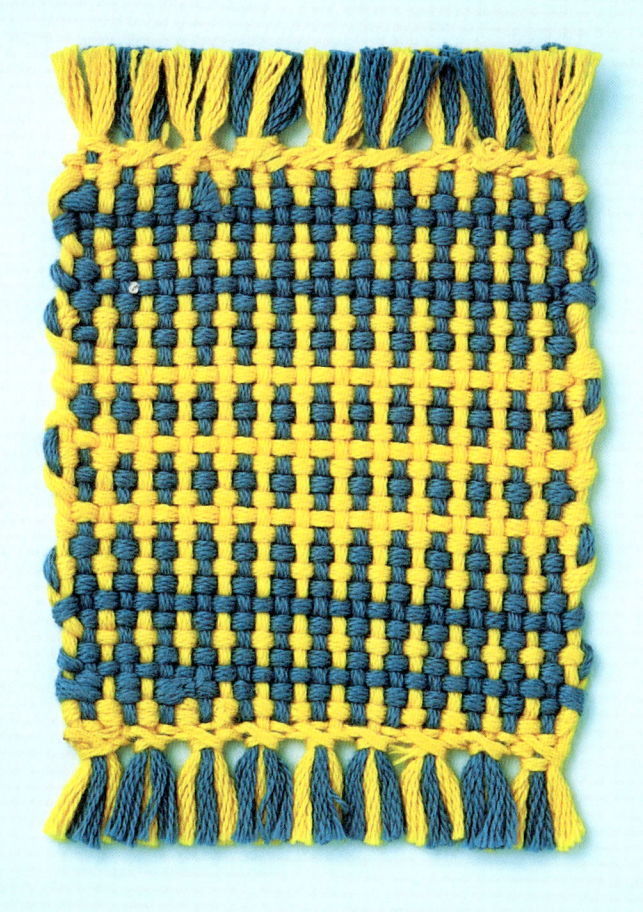

22

22 真ん中から上下に向けてブルーの分量を多くして、グラデーションのように色を変化させて
いきます。このモチーフは26〜27本の範囲ですが、卓上織り機をお持ちの方はもっと多くの
本数で色糸効果のデザインを考えてみましょう。

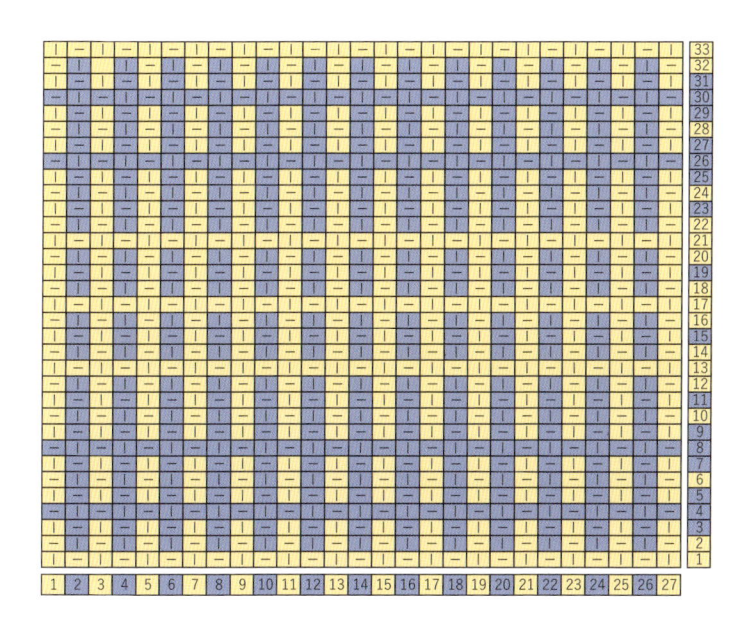

53

ななこ織り

たて糸とよこ糸をそれぞれ複数の本数・段数で構成させる平織りを、「ななこ織り」といいます。その変化パターンをご紹介します。

23

23

たて糸が2本ずつ、よこ糸も2段ずつ同じ開口に入れる基本的なななこ織りです。拡大の平織りとでも言うのでしょうか、ふっくらとした織り地が特徴です。

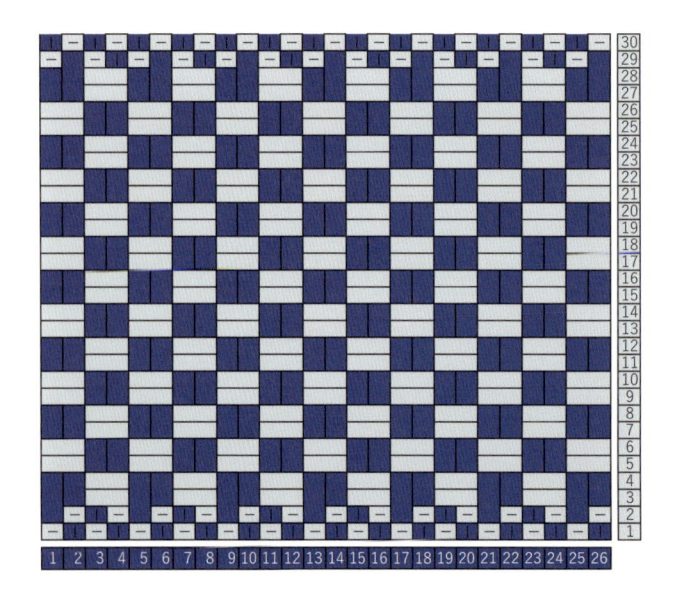

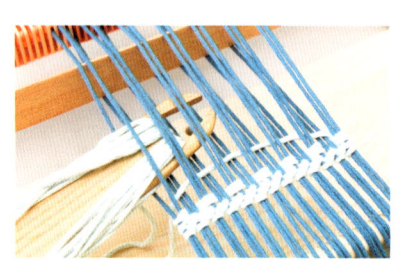

よこ糸は端のたて糸に引っかけて2段ずつ同じ開口に入れます。

Color&Yarn Variation

24

24

たて糸が4本、よこ糸は4段のななこ織りのモチーフです。ここでは使用織り機の関係上、やや粗い織り地に見えますが、よりふっくらとした織り地になりました。

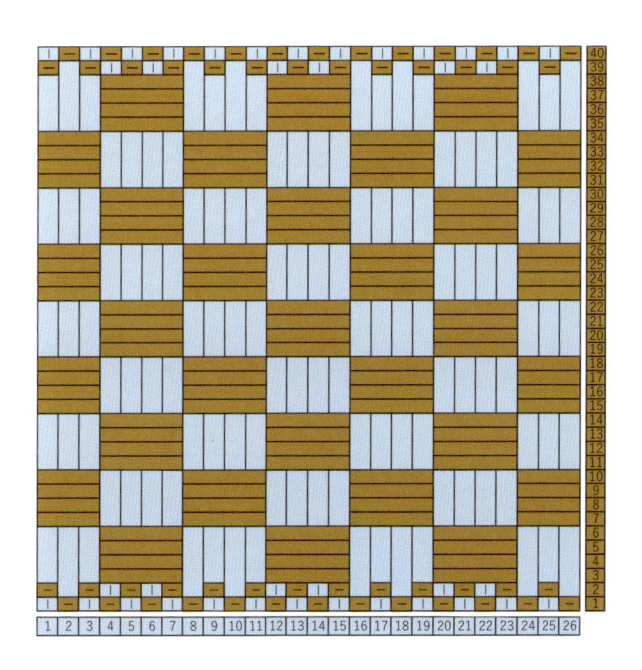

Color&Yarn Variation

25

25 | 2本2段ずつのななこ織りに網代模様を組み合わせてみました。2色の色は濃淡の差があるものを選ぶと効果的です。

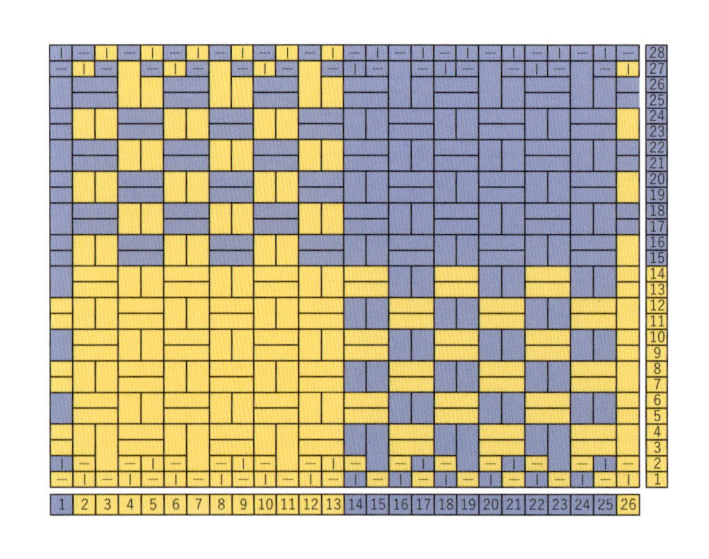

Color&Yarn Variation

26

27

26

4本4段ずつのななこ織りで千鳥格子風のチェックを織りました。ななこ織りは無地とは限らず、格子などいろいろな工夫ができます。

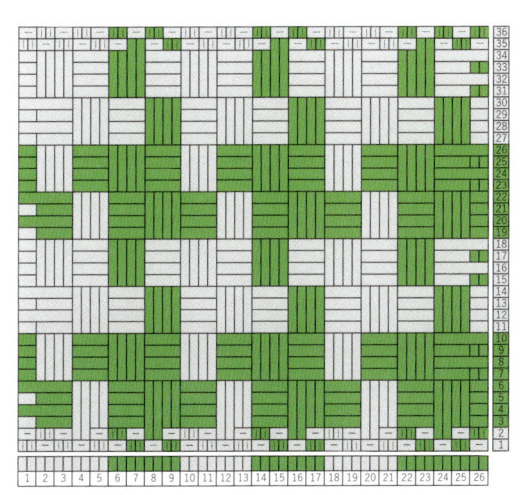

※たて糸2本取り

27

正しい意味でのななこ織りではありませんが、応用としてモンクスベルト風のデザインにしたモチーフです。

Color&Yarn Variation

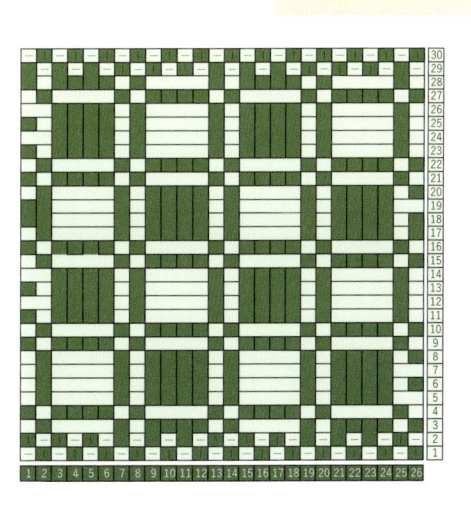

コイリング

「コイリング」あるいは
「コイル織り」という技法です。
同じたて糸によこ糸を
くるくると回すことで、
そのよこ糸を
強調することができます。

28

28 | コイリングは好きなところに好きな色で加えることができます。シンプルな平織りではちょっと寂しいと思ったとき、加えてみるといいでしょう。このモチーフも部分的にコイリングを加えました。

Color&Yarn Variation

（ **28の織り方** ）

1 巻きつけたい色の別糸を用意し、たて糸2本に巻きつけます。

2 ここでは3回巻きつけました。次もたて糸2本の先に出して、同じように巻きつけます。

平織りにプラス指先の作業でできる柄を「フィンガーウィービング」、
あるいは「オープンワーク」と言います。組織に関係なく、
自由に作ることのできる柄をいくつかご紹介します。

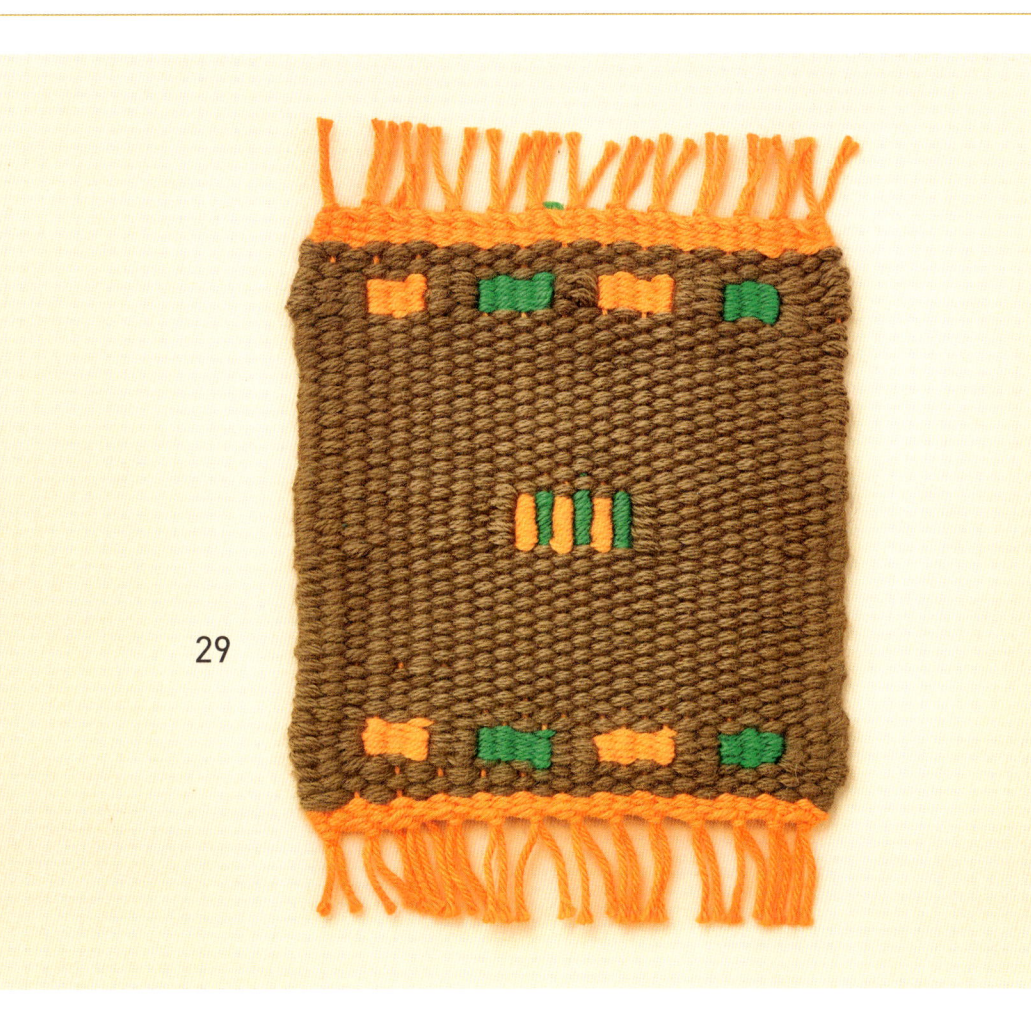

29

29 コイリングには部分的に窓の内側のように加えるという方法もあります。このモチーフは
P.209 の小物入れと色違いの同じデザインで、小物入れとして仕上げたときコイリングの
柄が映えるようにこの位置にコイリングを配置しました。モチーフは同じ太さの糸ですが、
参考作品は糸を割って細い糸で巻くことで隙間を作っています。

チェイニング

平織りに別糸でチェーンステッチを加える技法です。
地の糸と同じか多少太い糸を使います。

30

30 チェイニングの横バージョンです。好きな場所に入れられるのでワンポイント模様に最適です。織り地がつれないように、少し緩みを持たせるのがポイントです。

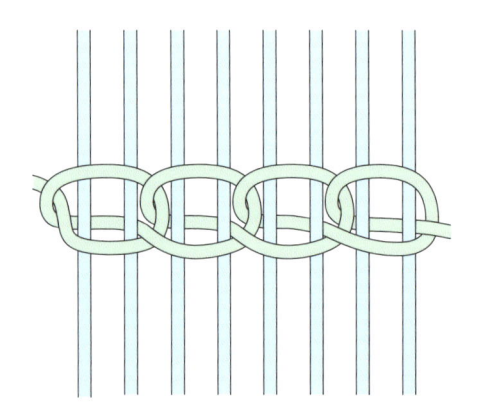

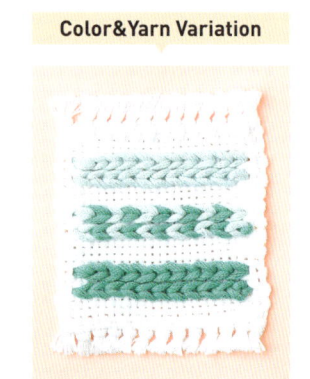

31

31 | チェイニングの縦バージョンです。かぎ針で引っぱり出した飾り糸の輪の中に飾り糸を通していきます。どのくらいのゆるみを持たせるかがポイントで、このモチーフはふわっとした感じにしたかったので、たっぷり緩みを持たせています。

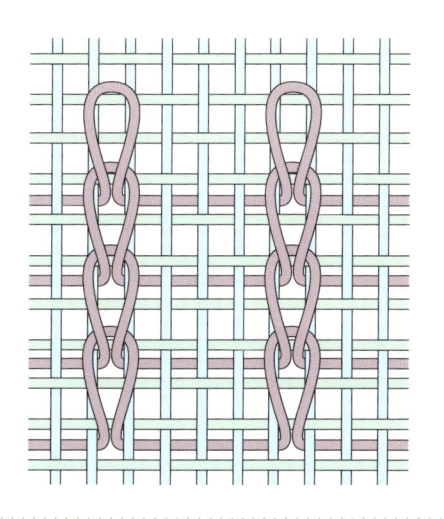

Color&Yarn Variation

スマック

たて糸に巻き絡めながら織る技法で、「ローパイル織り」とも言います。

32

スマックの横バージョンです。スマックはたて糸1本ずつによこ糸をループ状に絡めながら織っていきます。そのループに定規など高さのあるものをはさまないので見た目は単なる畝のように見えますが、ループ織りやノット織りと同じパイル織りの一種です。

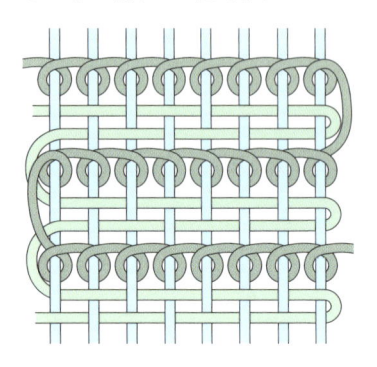

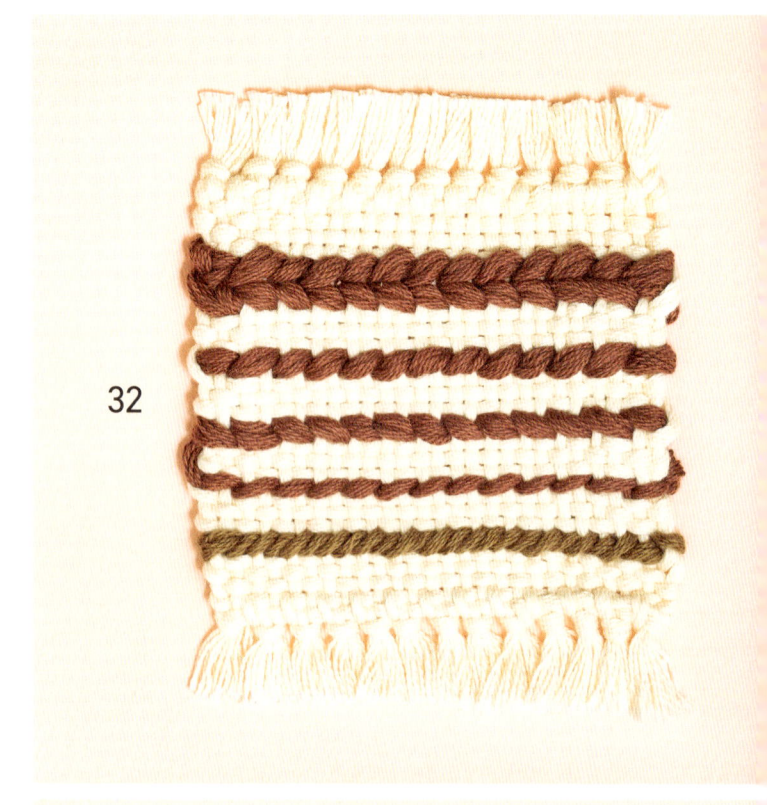

32

33

スマックの縦バージョンです。横バージョンがたて糸1本ずつに巻き絡めるのに対し、縦バージョンは2本のたて糸に交互に絡めていきます。間に平織りを何段か入れるのは縦横共通です。

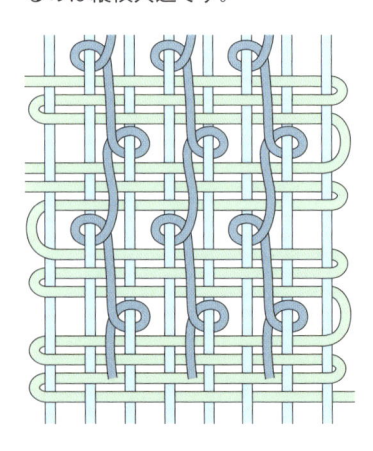

33

透かし織り

透かし織り

透かし織り

もじったたて糸の間によこ糸を通すことで隙間のある織り地にする
織り方を「もじり織り」あるいは「絡み織り」という言い方をします。
ただしこの章では織り方によって隙間を作るハックレースや
スパニッシュレースなども紹介するので「透かし織り」と表現しています。

34

34

たて糸を隣り合う2本で絡め、そこによこ糸を入れた後、平織りで押さえる「紗」という技法です。図では同じに見えますが、○がもじり段、●が平織りです。平織りはより絡むように、毎回同じ開口でよこ糸を入れます。

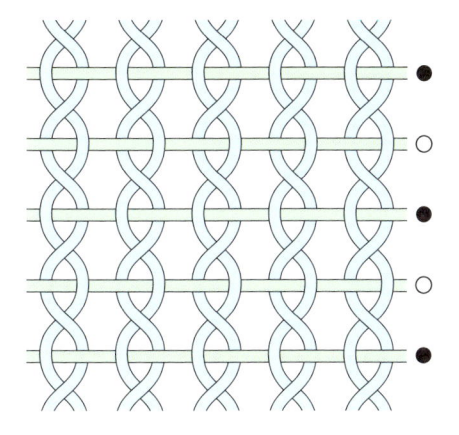

Color&Yarn Variation

Aはたて糸を極太綿糸、よこ糸は並太綿糸にして太さを変えました。またたてよこで色を変えると雰囲気が変わります。Bはたてよことも極太綿糸です。

A   B

(34 (右もじり) の織り方)

1 たて糸2本1組で絡める。ねじれる方向に絡める。

2 その間にピックアップスティックを立て、よこ糸を通す。

3 よこ糸を通した状態。ピックアップスティックを抜いて打ち込む。

4 次の段は平織り。絡ませた段の前の平織りと同じ開口の平織りをする。

35

35 たて糸2本でのもじりは繊細ですが、柄を大きく見せたいときに効果的なのがたて糸2本ずつの4本でもじる4本紗です。紗には右もじりと左もじりがありますが、このモチーフは左もじりで織っています。もじり段前後の平織りは同じ開口です。

左もじり

Color&Yarn Variation

太綿糸でも織りましたが、透かしという意味では細糸のほうが効果的です。

36

36

もじりと平織りを交互に織るのが紗ですが、間の平織りを複数段にすることもできます。も
じり1段・平織り3段を繰り返して織りました。

左もじり

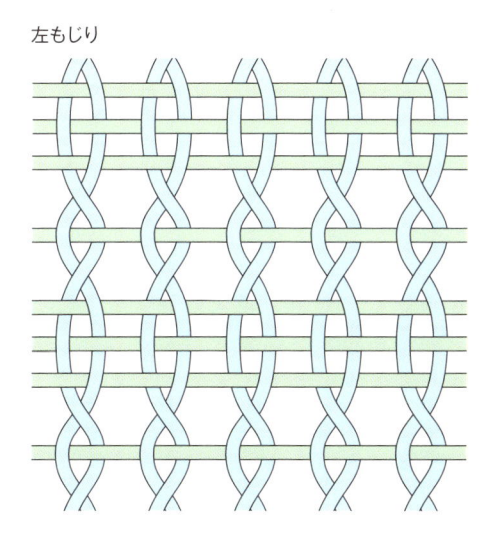

Color&Yarn Variation

糸の太さを変えて織ったモチーフです。間の平織りは5段入れ
ています。

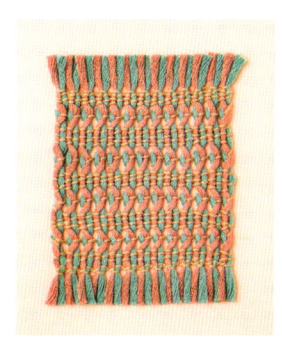

37

37 このモチーフは「絽」の中でも「三本絽」と呼ばれる技法です。もじった後に平織りを3段入れますが、もじりの後の平織りはもじれた状態です。このように通常の平織り3段・もじった状態での平織り3段の繰り返しを三本絽と言います。

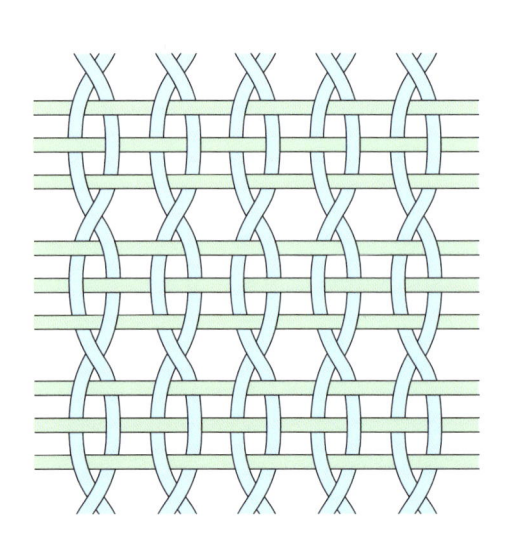

**Color&Yarn Variation**

38

38

「観音紗」と呼ばれるもじり技法です。観音開きという扉の開き方がありますが、それと同じようにたて糸2本ずつのもじりは右もじりと左もじりを交互に入れていきます。

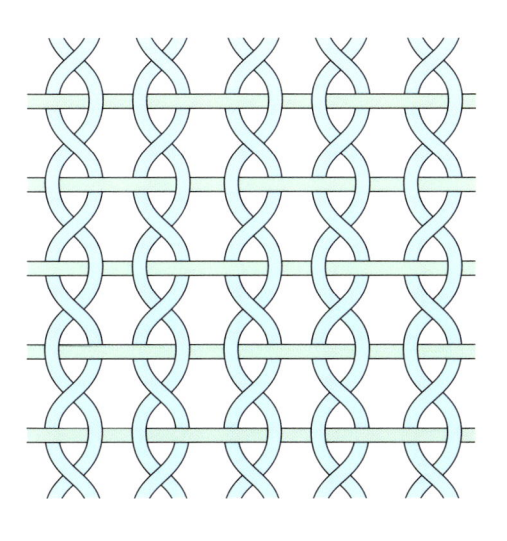

Color&Yarn Variation

39

39

「六角もじり」と呼ばれる技法です。もじりを入れた後、同じ開口に端糸を引っかけながら3段糸を入れます。織っているときは目立ちませんが、織り機からはずすと糸がよって、六角形の形ができます。

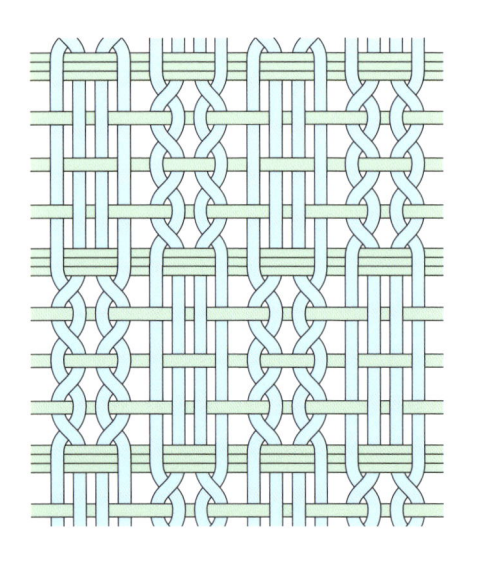

Color&Yarn Variation

太綿糸で織りましたが、このソウコウの密度だとあまり糸が寄らず柄が目立ちません。

40

40 「籠もじり」あるいは「五本羅」と呼ばれるもじり技法です。今までのモチーフは同じ2本（あるいは4本）のたて糸をもじりましたが、籠もじりはもじる2本のたて糸の組み合わせを段によってずらしていきます。

Color&Yarn Variation

41

「網もじり」あるいは「三本羅」と呼ばれる技法です。今までのモチーフは同じ2本（あるいは4本）のたて糸をもじりましたが、籠もじりはもじる2本のたて糸の組み合わせを段によってずらしていきます。

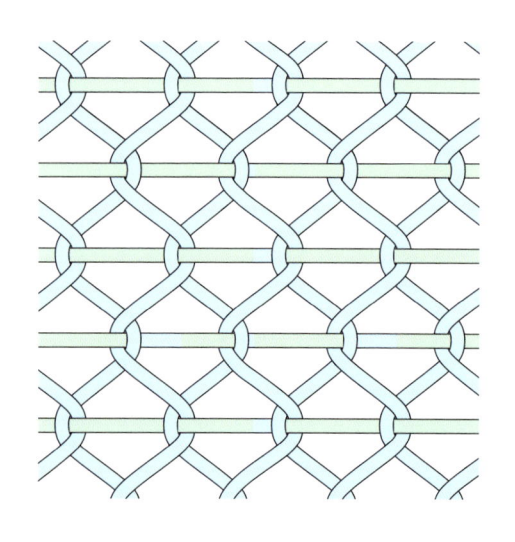

Color&Yarn Variation

42

42 「ブーケ織り」という技法です。41 までと違い、ここからはたて糸をもじった隙間によこ糸を入れる技法ではありません。ブーケ織りはよこ糸を回転させてたて糸を縛ることで透け感のある織り地に仕上げる方法です。

Color&Yarn Variation

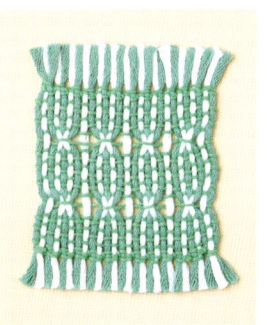

しばるたて糸は開口させたときの上糸です。上糸を3本ずつ拾ってしばります。

43

43 「コインレース」と呼ばれる技法です。道具としてかぎ針が必要になります。2本の紗を1段
織った後、平織りを奇数段織り、並太綿糸をよこ糸として入れながらかぎ針でよこ糸を締め
ていきます。コインの柄をくっきり出すためにもじり段は必要です。

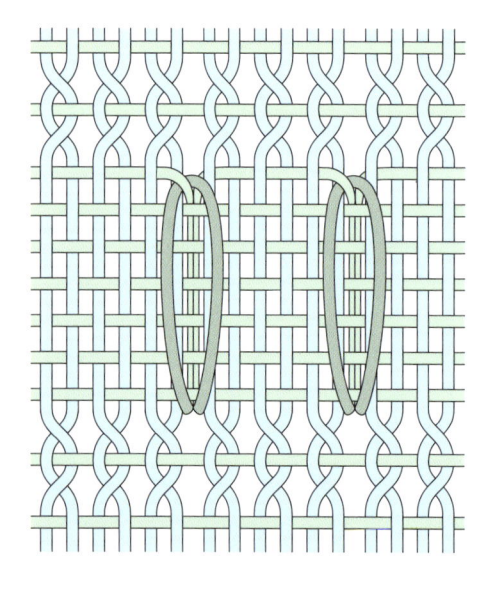

Color&Yarn Variation

極太綿糸を使用した糸の太さ違いのモチーフです。

（ 43 の織り方 ）

1 34の透かし織りを織った後、平織りを6段織り7段目で
コイン模様を作る。7段目は端から4本目でいったんよこ
糸を表に出す。

2 透かし織りの位置からかぎ針を差し込み、**1**で表に出した
よこ糸を引き抜いて輪を作る。

3 **2**でできた輪の中にシャトルを通す。

4 よこ糸を持ち上げて締める。

5 6本よこ糸を通し、1列**2**～**4**と同じ作業をする。

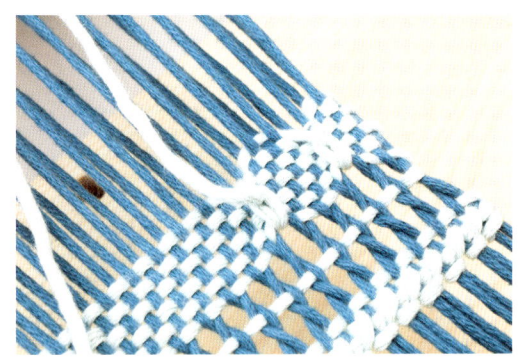

6 ここではたて糸は26本なので4本・6本・6本・6本・4
本の間でコインレースを作る。続けて34の透かし織りを
1段と、**1**～**6**を繰り返す。

第3章

透かし織り

75

44

45

44

「ハックレース」あるいは「模紗織り」（もしゃお）「ハックアバック」と言われる技法です。文字を見てわかるようにもじり風に見せているけれど実際にはもじらず隙間ができるように見せる技法。太綿糸のため目立ちませんが、図の通りに織れば隙間のある織り地になります。

（ 44 の織り方 ）

1 平織り、3本ずつ拾う、平織りの繰り返しで6段1模様。写真は2段目（3本拾う）を織っているところ。

2 1の後に平織りを2段織り、逆の3本を拾った5段目。このあともう1段平織りを入れて計6段となる。

Color&Yarn Variation

45

44 はたて糸3本単位で飛ばしましたが、こちらはたて糸5本単位で飛ばします。もじりのようなはっきりとした隙間ではありませんが、独特の模様織りになります。

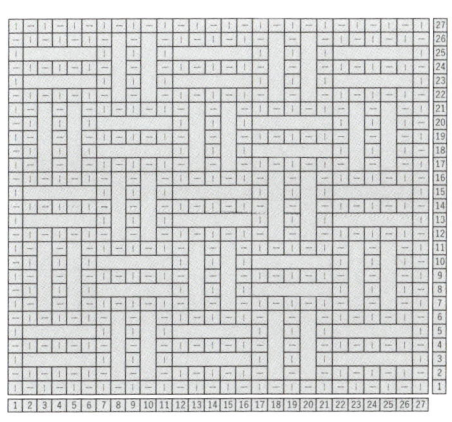

（ 45 の織り方 ）

1 この模様は10段1模様。5本ずつ拾って次の平織り、つまり全体の5段目を織ったところ。

2 10段1模様を織り、次の1段目。

46

46 ハックレースの応用モチーフです。44、45は全体をハックレースにしましたが、このモチーフは入れたいところだけ加えています。これも拾って織るから可能な、ならではの織り方です。

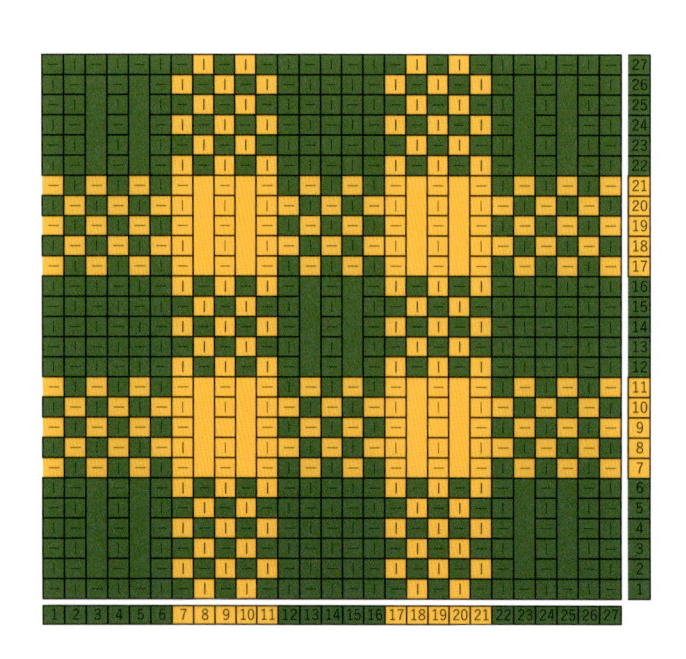

Color&Yarn Variation

第3章

透かし織り

47

「スウェディッシュレース」と呼ばれる技法です。隙間がはっきりと出るわけではないので透かし織りという感じがしないかもしれませんが、このような市松にするのが一般的なデザインです。

48

「ブロンソンレース」と呼ばれる技法です。46のスウェディッシュレース同様、模紗織りの分類になります。スウェディッシュレースが同じ段での左右対称になるのに対し、ブロンソンレースは列で構成されます。

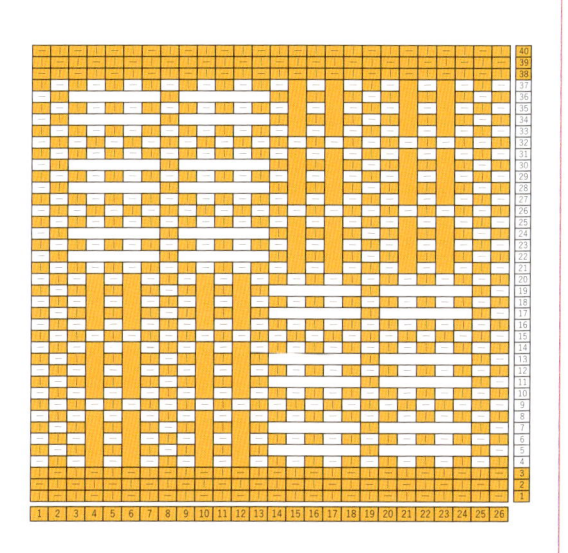

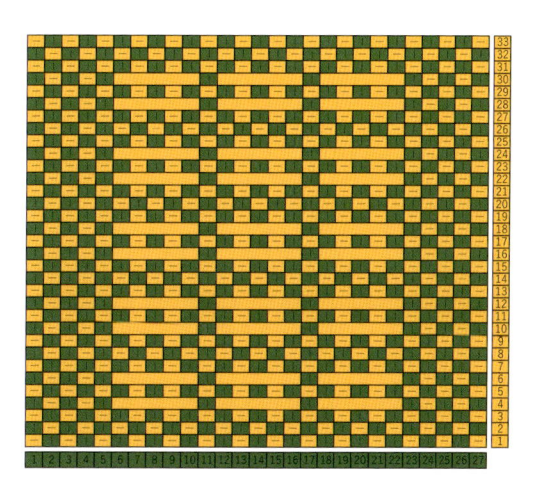

49

50

49

ブロンソンレースのデザイン違いのモチーフです。48に比べ、細かく柄を入れてみました。表裏でたてよこの糸が逆に現れます。

50

49の倍の大きさで柄を入れました。色の組み合わせによって柄の見え方もだいぶ変わります。

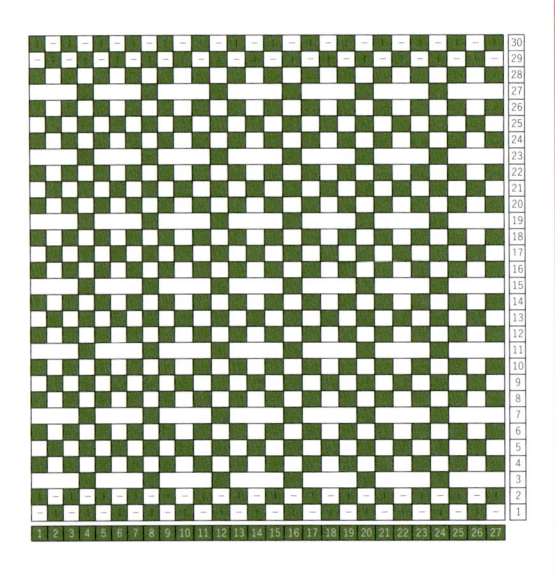

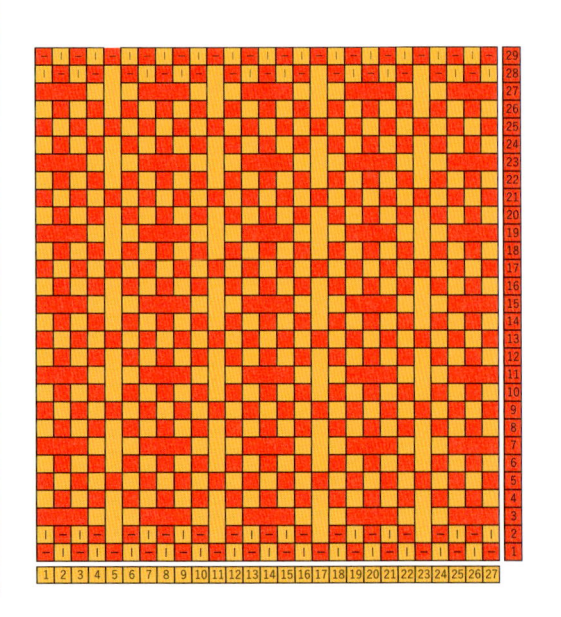

51   **52**

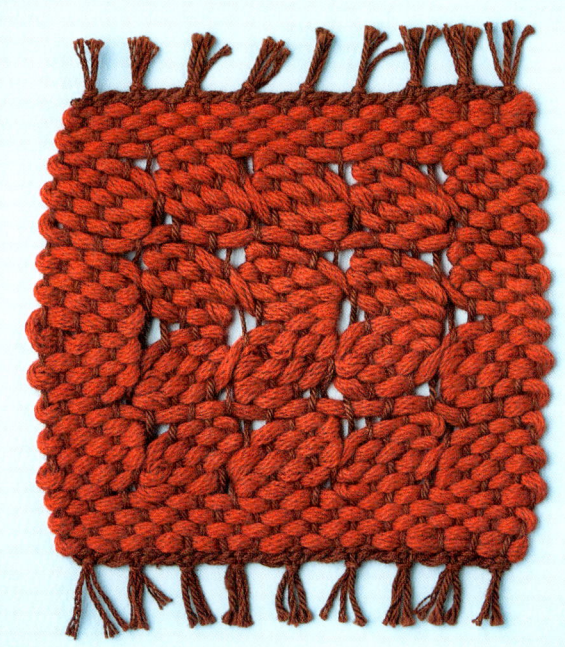

51

「スパニッシュレース」のモチーフです。同じたて糸の範囲でよこ糸を往復させることで柄を出します。よこ糸の往復は右上がりでも左上がりでも構いません。

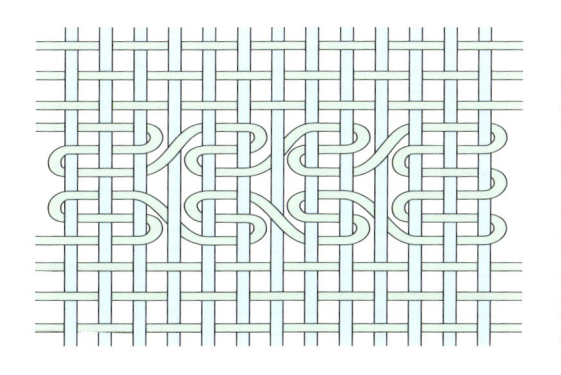

52

スパニッシュレースのデザイン違いのモチーフです。51のように1往復だと柄が目立たない場合は2往復、3往復させてみましょう。

Color&Yarn Variation

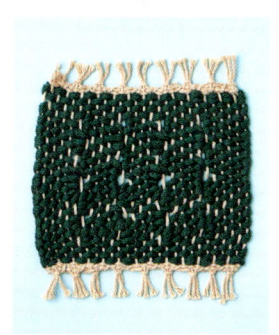

スウェディッシュレースのマフラー

➡ モチーフ **No.47** (P.79)

左右の端を平織りに、中心にスウェディッシュレースを入れたマフラー。スウェディッシュレースを入れたことで柔らかで個性的な風合いとなりました。多ソウコウ織り機の場合、総柄しかできません。このマフラーのように、スウェディッシュレースと平織りの組み合わせは拾って織るからこそできる柄。並太毛糸を使い、卓上織り機30羽で織りました。

（第**4**章）

たて糸が見えない織り方

ノット織り／ループ織り／つづれ織り／
ブンデンローゼンゴン（バウンド織り）

ノット織り

たて糸の見えない織り方はいくつかあり、
そのひとつがこの「ノット織り」あるいは「ノッティング」です。
たて糸の間からよこ糸を引き出して
スティックを巻きつけたループを作って結んでいきます。
結び方はいろいろですが、ここではトルコ結びという技法を紹介します。

53

53 | ノッティングの基本はノットを切ってふさふさ状態にしますが、ノットは切らずにそのまま残すこともできます（写真下）。よこ糸の端は後から裏側に織り込んで始末するので長めに残しておきましょう。この織り方での応用作品がP.95上のマットです。

ノットを切らずにループのままにしたもの。ループのままにする場合はP.90のループ織りの方が技法として適しています。

1 たて糸2本を1組とし、たて糸2本を渡る下の内側から糸端を出す。これが出だしとなる。

2 ぎゅっと手前に引いて締める。

3 ピックアップスティックに巻きつけて、次のたて糸2本を内側から外側へとよこ糸に巻きつける。

4 1〜3を繰り返し、1段分巻きつけ終わったところ。スティックは自分の作りたい房の長さによって選ぶ。

5 巻き取ったよこ糸が抜けないように平織りを2〜4段織った後、スティックの中央で切る。

6 ノット織りが1段できたところ。

54

このモチーフはよこ糸を並太毛糸4本取りにしています。ピンクと茶の毛糸を使用していますが、始めは茶の4本取りで織り、次に茶3本＋ピンク1本、茶とピンク各2本、茶1本＋ピンク3本のように、少しずつ色の割合を変えることでグラデーションができます。

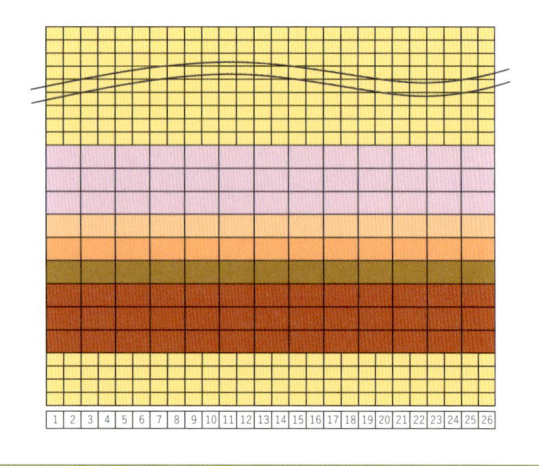

55

ノット織りは織り地の全面に入れなくても部分的に加えることができます。ここでは並太毛糸を4本取りでノットのよこ糸にしていますが、1列すべてではなく、ずらして斜めの線を出しています。

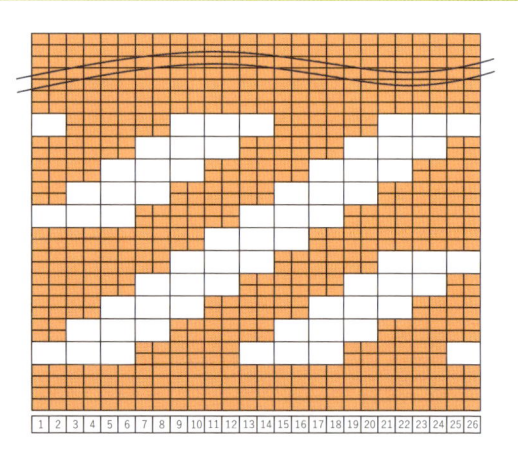

56

56

ノット織りではこのように窓枠のようなデザインを作ることもできます。囲みの中にパーツなどを貼りつけて飾るのも楽しいでしょう。並太毛糸4本は、青・オレンジ・エンジ・茶を1本ずつ組み合わせています。

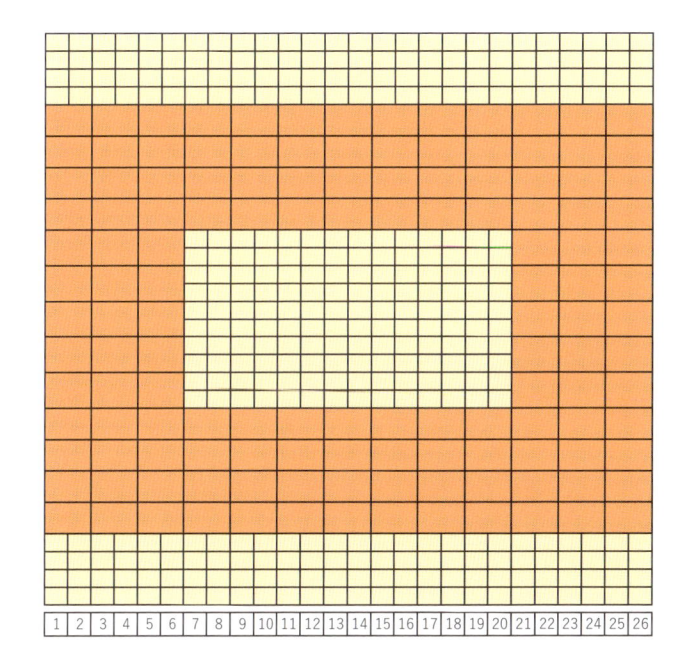

| 1 | 2 | 3 | 4 | 5 | 6 | 7 | 8 | 9 | 10 | 11 | 12 | 13 | 14 | 15 | 16 | 17 | 18 | 19 | 20 | 21 | 22 | 23 | 24 | 25 | 26 |

Memo

54〜60のモチーフは「ミニ織り」で織っています。「ミニ織り」は、最後のほうになるとノット織りを入れにくくなるので、ノット織りを入れたデザインは下の半分になっています。ただし、56は上下から織る方法（P.23参照）をとっているので両端までノットが入っています。

57

58

57

ノット織りで日の丸柄を織りました。ノット織りはふさふさのカットの方法によって立体感を出すことができます。中国の緞通（だんつう）もそのカットの加減で立体感のある植物などを表しています。

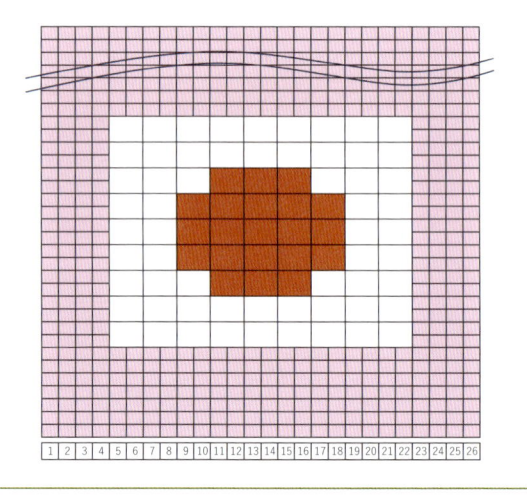

58

フランス国旗をイメージして、ノット織りの模様としました。この3色の場合は色が決まっていますが、お手持ちの毛糸でいろいろな国の国旗を描くのも楽しいと思います。

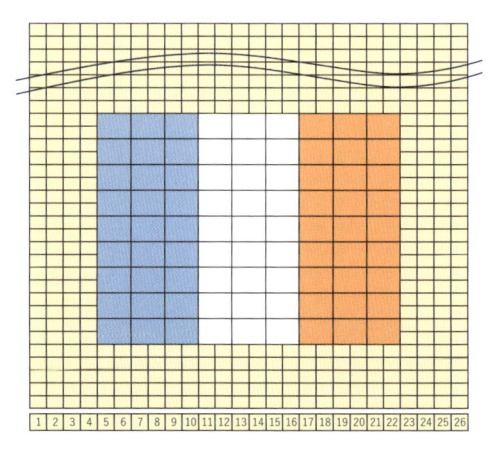

59

60

59

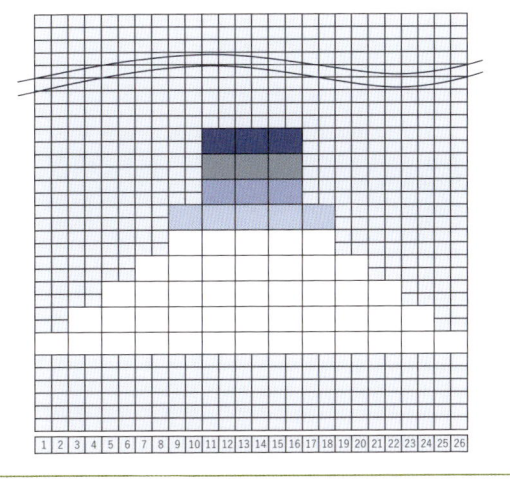

ノット織りで日本の象徴である富士山を描いてみました。よこ糸の色だけでデザインできるので、赤富士などいろいろな富士山を作ってもいいでしょう。

60

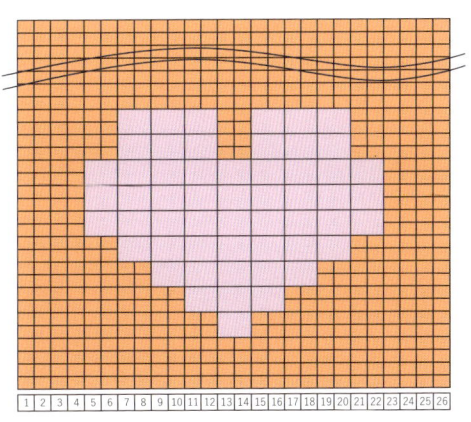

ノット織りでハート柄を織りだしました。織り図の通りに織っても使用する糸の太さや束ねた本数によってできあがりは変わるので、いろいろ試してみましょう。

ループ織り

「ループ織り」あるいは「ルーピング」はノット織りのように
よこ糸をたて糸を結びつけるのではなく、
たて糸の間からかぎ針などを使って引き出し、ループを作ります。
動物や幾何学模様など、具象柄のデザインができるのも特徴です。

※ループ織り以外の部分はたて糸が見えていますが、ルーピング部分は
　たて糸が隠れるため、第4章「たて糸が見えない織り方」に分類しています。

61

61

中央の部分だけループにした基本モチーフです。ループのよこ糸に綿糸を使うと糸が割れるので、柔軟性のある並太毛糸を使うとよいでしょう。

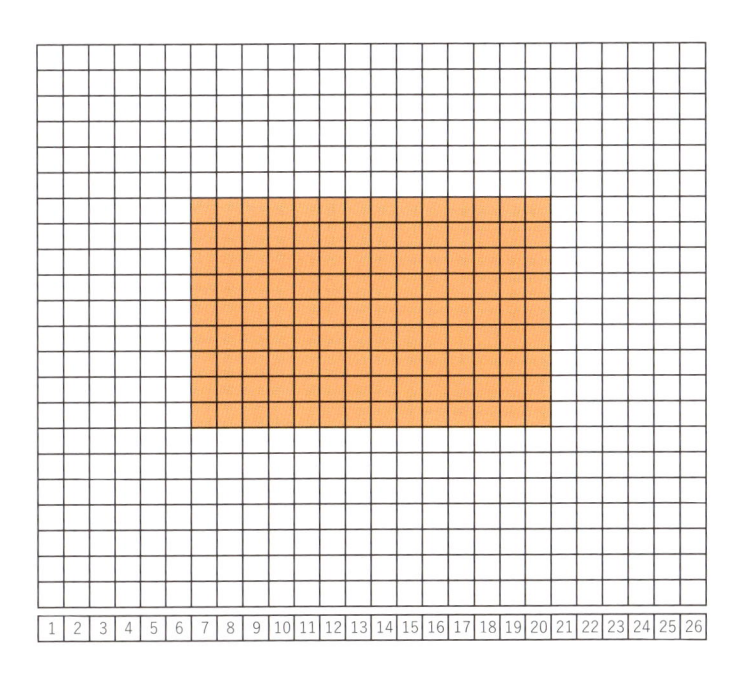

| 1 | 2 | 3 | 4 | 5 | 6 | 7 | 8 | 9 | 10 | 11 | 12 | 13 | 14 | 15 | 16 | 17 | 18 | 19 | 20 | 21 | 22 | 23 | 24 | 25 | 26 |

(61 の織り方)

1 ループを入れる範囲に段数リングをつける。よこ糸を入れ、開口したたて糸の隙間から糸を引き出して編み棒に通す。

2 編み棒に通したまま打ち込む。ループの大きさは編み棒の太さによって変わる。

3 逆の平織りの開口でよこ糸を入れてしっかりと打ち込む。

4 1〜3を繰り返す。ループの糸は毛糸、押さえの糸は綿糸で毛糸に比べて細めを選ぶとよい。

62

63

62

よこ糸を1色にしてループ織りをすることもできますが、よこ糸に2色の色を同じ開口で入れることで1段の中に2色のループを織りだすこともできます。

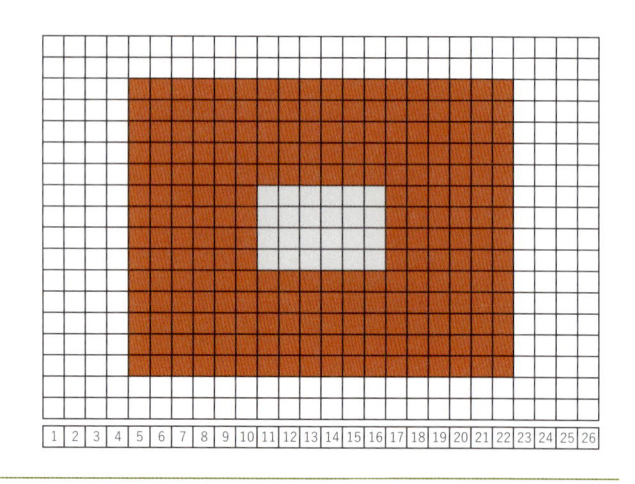

63

クマの形にループ織りを入れてみました。目や鼻口なども入れたいところですが、ループにする糸はよこ糸の一部なので、平織り部分にも別の色が入ります。そのためループ織りの具象柄は2色程度までとなります。

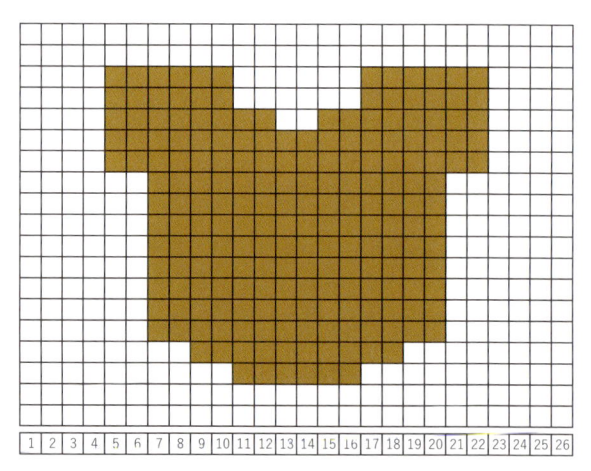

第4章

たて糸が見えない織り方

64

ループ織りでクリスマス柄を織りだしました。柄を考えるときは、浮き織りモチーフ（P.158〜171）のデザインを参考にしてもよいでしょう。

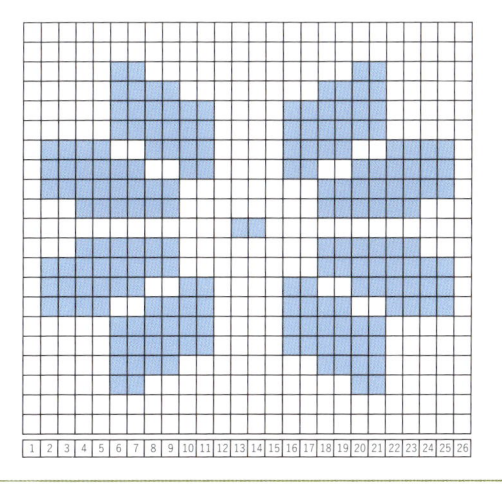

65

ループ織りでハウス柄を作りました。織った後の目的によって、柄はいろいろ変化させることができます。

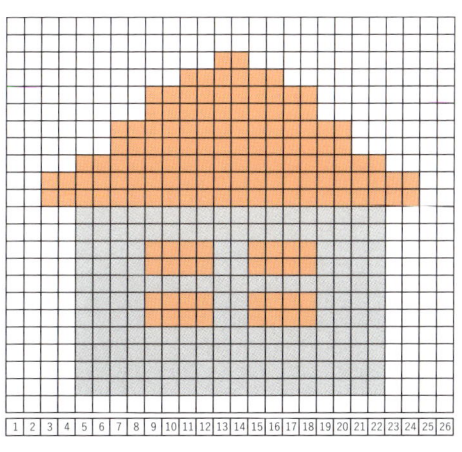

66

67

66

ループ織りで馬をデザインしました。このモチーフはP.95のマットに応用されています。

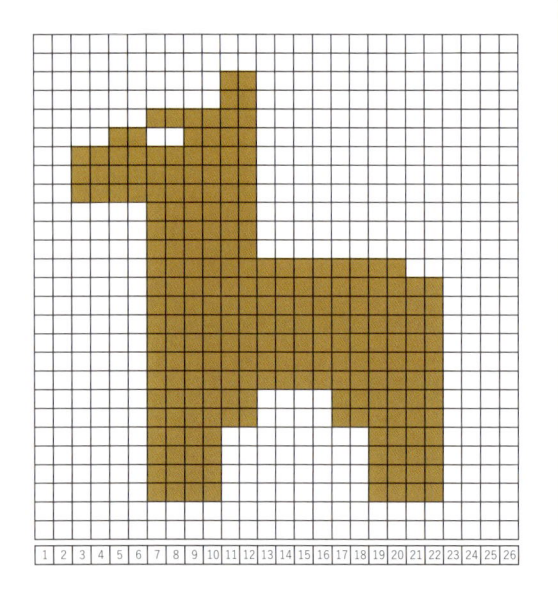

67

ループ織りでツリーをデザインしました。ループ織りはこのように自由が利くので、ぜひ試していただきたい技法です。

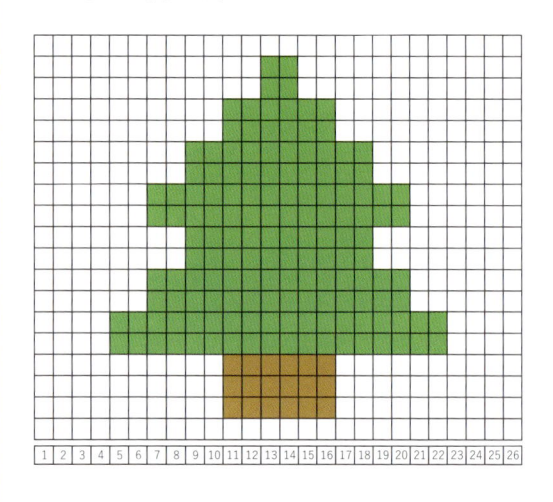

ノット織り・ループ織りのマット

➡ モチーフ No.53 (P.84)、No.66 (P.94) を使用

奥の2つは段染め糸を使ったノット織り。基本通りループをカットするのはもちろん、カットしないでループのままにしても楽しい織り地になります。手前のループ織りは、一部に絵柄を取り入れてみました。

つづれ織り

「つづれ織り」はたて糸の見えない織り方のひとつです。
応用範囲が広い分デザインも変化させることができるので
そのいくつかの例を挙げてみました。

68

69

68

つづれ織りというと風景など具象柄のイメージもありますが、「ラーヌ織り」、あるいは「畳織り」という幾何学模様を表すつづれ織りもあります。2色の糸を交互に織ったり、2段や3段など複数段を交互に織ることで幾何学模様の柄ができます。ラーヌ織り（68〜71）を「ミニ織り」で織る場合、上下から織る（P.23参照）と効率よく織れます。

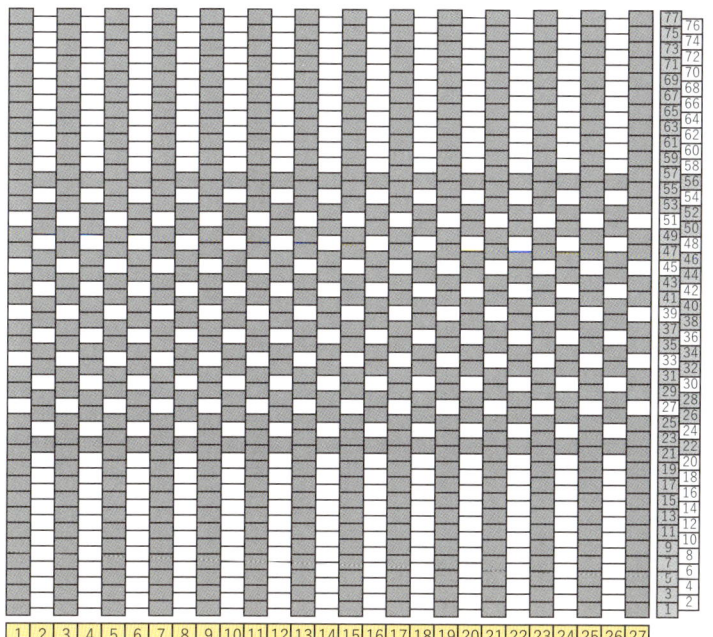

69

68と同じラーヌ織り。2色のよこ糸を2段・1段の順で織ると小さな点線の柄になります。また、2色のよこ糸を1段ずつ交互に織り、途中で同じ色を2段にしてまた交互に織っていくと市松模様になります。

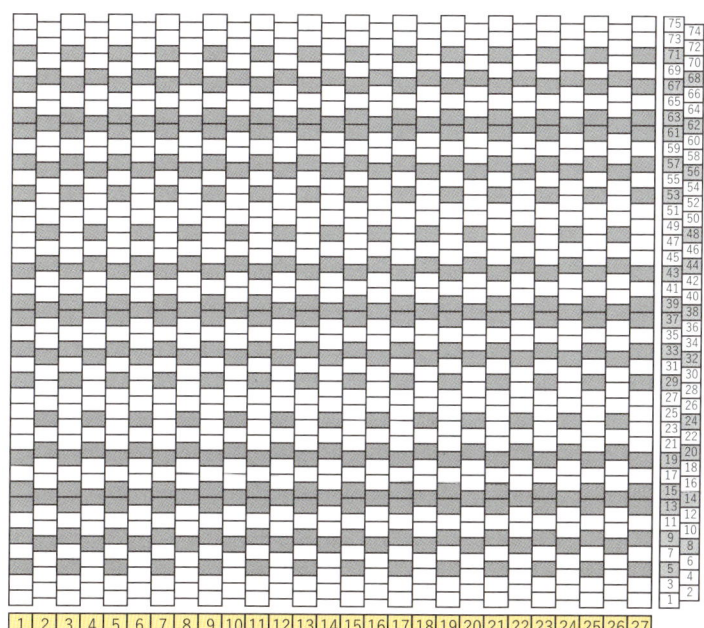

〔 69 の織り方 〕

1　線にしたいときは柄色のよこ
　糸を続けて2段織る。

2　黄色の柄糸を1段だけ入れる
　と点線になる。図に沿って織
　るとよい。

70

71

70·71

2色のよこ糸を1段ずつ
交互に織ると縦縞にな
ります。68・69と同じ
ラーヌ織りですが、69
の織り方と組み合わせて
また違った柄を織りだし
てみました。この2つは
P.209の小物入れと同
じデザインです。織るだ
けではなく何かに仕立て
るとき、どのように柄が
映えるかを考慮するとよ
いでしょう。

70

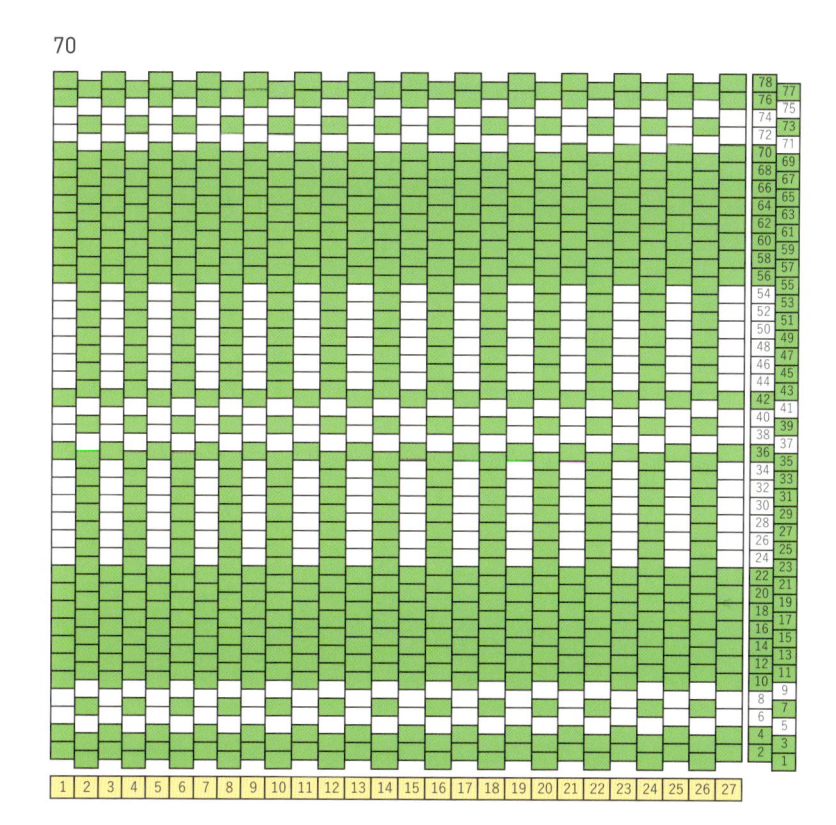

71

72

73

72

よこ糸をランダムに引き返し
たつづれ織りです。よこ引き
返し織り（P.212〜215）で
はたて糸が見えますが、たて
糸を細くすると織り地が詰
まってつづれ織りになります。

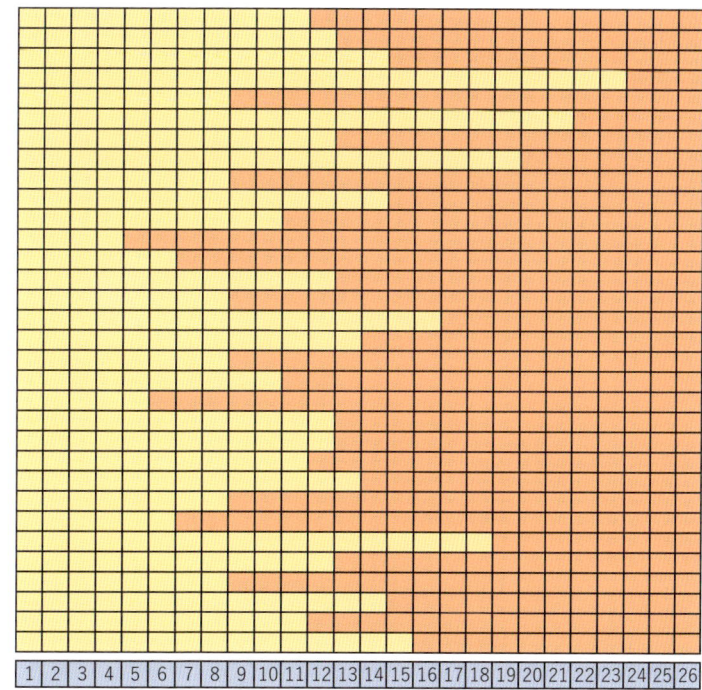

1 2 3 4 5 6 7 8 9 10 11 12 13 14 15 16 17 18 19 20 21 22 23 24 25 26

73

2色のよこ糸でブロックのつ
づれ織りのモチーフを作りま
した。そのままたて糸の中心
で引き返すと織り地に隙間が
空きますが、ここでは2色の
よこ糸を引き返すときに引っ
かけているので隙間ができま
せん。

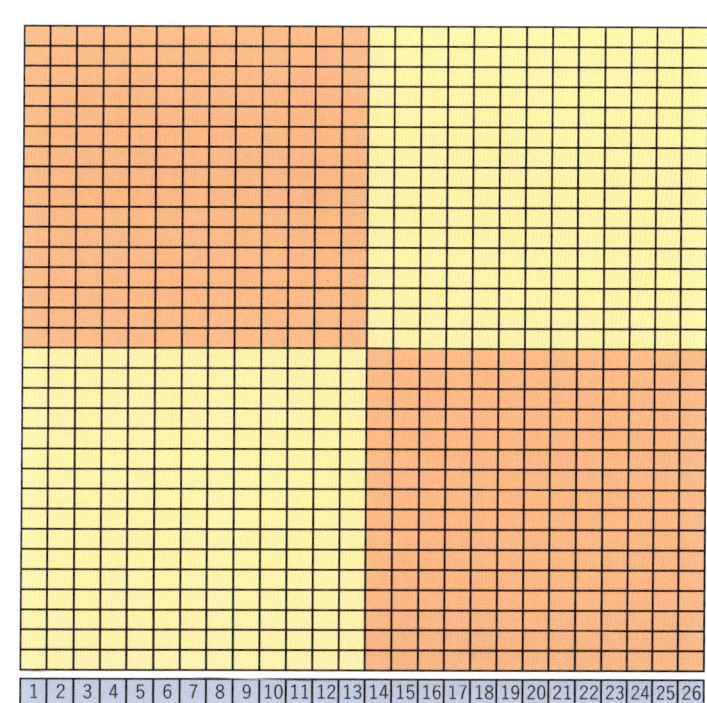

1 2 3 4 5 6 7 8 9 10 11 12 13 14 15 16 17 18 19 20 21 22 23 24 25 26

74

75

74

スイカをイメージしてつづれ織りでモチーフを作りました。タネの部分は織り図の通りではなく、ランダムに入れてもよいでしょう。

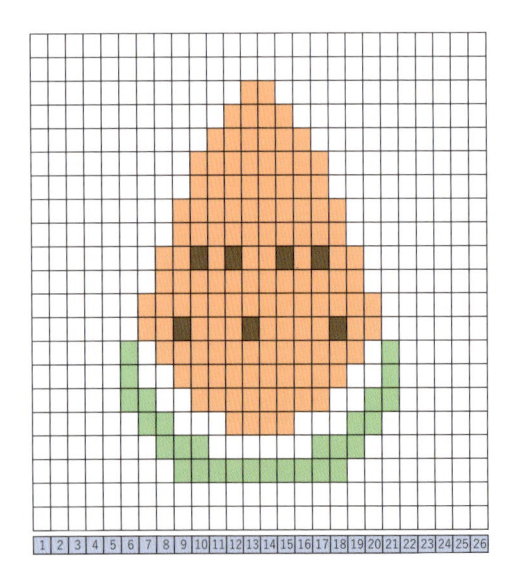

75

バナナをイメージしてつづれ織りでモチーフを作りました。本書では20羽ソウコウ、あるいは「ミニ織り」を前提としたため密度が細かくありません。もっと細かい密度で織れば、もっとバナナらしい曲線ができます。

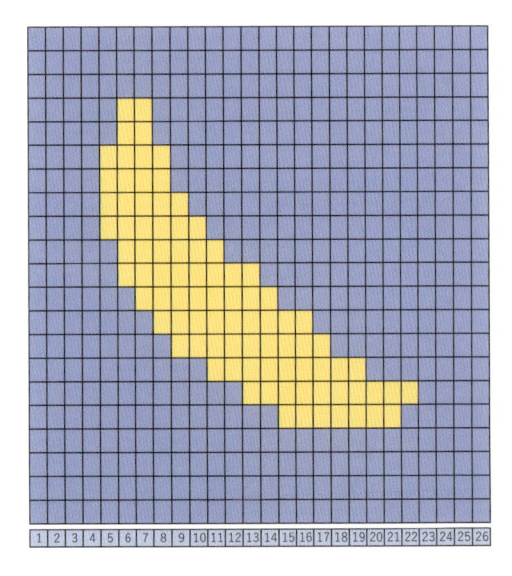

76

77

第4章

たて糸が見えない織り方

76

雪だるまをイメージしてつづれ織りでモチーフを
作りました。つづれ織りは最初にデザインをして
も、織りながら少しずつ修正を加えていくことが
多い織り方です。

77

イチゴをイメージしてつづれ織りでモチーフを作
りました。密度の関係であまり細かく表現できな
かったイチゴのつぶつぶですが、ランダムになる
よう配置しましょう。

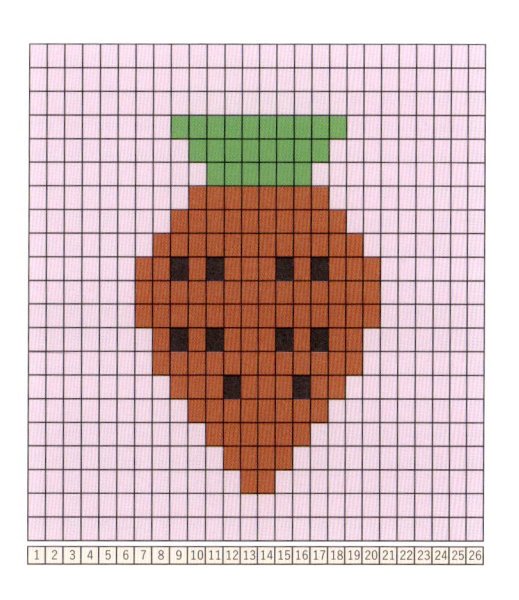

ブンデンローゼンゴン（バウンド織り）

「ブンデンローゼンゴン（バウンド織り）」もつづれ織りの一種とも言えます。
綾織りのつづれ織りというようなイメージでしょうか。
たて糸を4回または6回拾い（作業的には落とす）、その間によこ糸を通してようやく1段となります。

78

78

ブンデンローゼンゴンの織り図は他の織り方とは違います。たて糸は拾う目安とするため、ここでは4色使っています。モチーフ78〜81は同じたて糸の配色なので、「咲きおり」で長めにたて糸をかければ、4つそれぞれの柄をつなげて織ることができます。

たて糸配色図（78・79・80・81共通）

1	2	3	4	5	6	7	8	9	10	11	12	13	14	15	16	17	18	19	20	21	22	23	24	25	26	27

Color&Yarn Variation

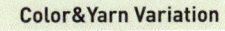

よこ糸配色図

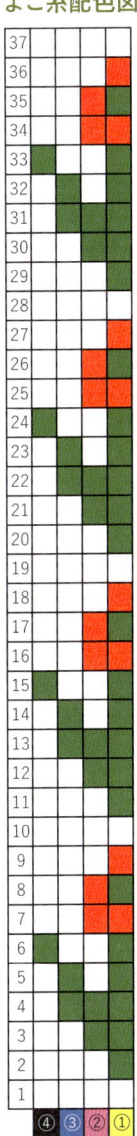

ブンデンローゼンゴンの織り図の見方／横長のたて糸配色図は、たて糸の順番を表しており、例えば78〜81はどの柄を織るときもたて糸の順番は同じ（4色のたて糸を使用）。よこ糸配色図の一番下、丸数字のある枠の色はたて糸の色を示している。

例） 7段目／①黄のたて糸を落として、そのたて糸の上に赤のよこ糸を入れる。次に②ピンクのたて糸を落として赤のよこ糸を入れる。③青のたて糸を落として白のよこ糸を入れる。④黒のよこ糸を落として白のよこ糸を入れる。

→これで7段目が織れた。このようにマス目の色に合わせて柄を作っていく。

Memo

ブンデンローゼンゴンはよこ糸の段数が多いため、織り機からはずすと縦に丸まります。P.116のポシェットのように両端に平織りを加えることで丸まらないようにすることができます。

（ 78の織り方 ）

1 ①黄・②ピンク・③青・④黒の4色で、たて糸配色図に沿ってたて糸をかける。写真はよこ糸配色図の2段目（茎の織り始め）。まず①黄の糸を落とし、緑のよこ糸を入れる。

2 ②ピンクのたて糸を落とし、白いよこ糸を入れる。

3 ③青のたて糸を落とし、白いよこ糸を入れる。④黒の時も白いよこ糸になる。

4 この柄は4回よこ糸を入れて1段となる。図に沿って糸の色を変えていくと柄ができる。

79

79 ブンデンローゼンゴンでチューリップを表現してみました。たて糸の色の順番は78と同じ、糸を落とす順番も同じグループです。

たて糸配色図（78・79・80・81 共通）

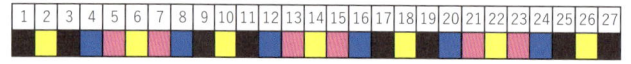

| 1 | 2 | 3 | 4 | 5 | 6 | 7 | 8 | 9 | 10 | 11 | 12 | 13 | 14 | 15 | 16 | 17 | 18 | 19 | 20 | 21 | 22 | 23 | 24 | 25 | 26 | 27 |

よこ糸配色図

79 / **80** / **81**

（よこ糸配色図：79は1〜35段、80は1〜40段、81は1〜37段の配色グリッド図。下部に④③②①の糸番号記号）

Memo

78 〜 91 は「咲きおり」などの卓上織り機を使い、房は裏側で織り地の中に縫い込んで始末しています。端から端までみっちり織るので、「ミニ織り」を使う場合は半分くらいの高さのサイズにするとよいでしょう。

80

具象柄ではなく幾何学模様のブンデンローゼンゴンです。Vの字に模様が出るようにデザインしました。よこ糸の配色位置を変えるだけでもイメージは変わります。

81

連なる家並みをモチーフにしました。78、79、80と、この81を含めた4点は同じグループです。よこ糸を入れる色や順はそれぞれ異なりますが、たて糸も織り方も同じです。

Color&Yarn Variation

80

第4章

たて糸が見えない織り方

81

82

82 この82と83、84までの3点がブンデンローゼンゴンの2パターン目のグループで、4色のたて糸を使った幾何学模様のモチーフです。波のようにジグザグと動くさまを表しました。

よこ糸配色図

たて糸配色図（82・83・84 共通共通）

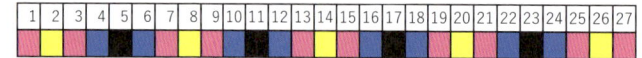

83

小さなブロック模様のブンデンローゼンゴンモチーフです。82、83、84は同じグループなのでたて糸も織り方も同じ。84は大きなブロックですが、小さなブロックと大きなブロックを交互に織ることもできます。

84

大きなブロックをモチーフにしました。ブロックが大きいとその中に別の柄を入れることもできます。ブンデンローゼンゴンは工夫次第なのでいろいろ組み合わせてみるとよいでしょう。

83

第4章

たて糸が見えない織り方

84

85

86

85

P.104～109で紹介したブンデンローゼンゴンは4回織って1段でしたが、85～91は6回織って1段になります。その分具象柄ができます。かわいらしいパンダをモチーフにしました。

Color&Yarn Variation

86

ヒツジをモチーフにしました。ブンデンローゼンゴンの織り図は使用する糸によって織り図通りに織っても同じバランスのヒツジ柄になるとは限りません。まずは簡単な柄から始めて、自分で微調節するようにしましょう。

Color&Yarn Variation

たて糸配色図（85・86・87・88 共通）※たて糸は6色用意する

よこ糸配色図

85

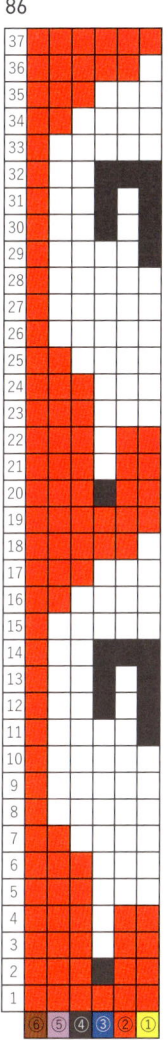

86

87

88

87

ボタニカルをモチーフにしました。このモチーフはバランスの微調整がしやすいので、もし85・86のパンダやヒツジを織りたいなら、この柄で手持ちの糸での微調整を確認するといいでしょう。

Color&Yarn Variation

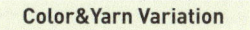

88

果実のなる樹木をモチーフにしました。85、86、87とこの88は、たて糸と織り方が同じパターンのグループです。卓上織り機でたて糸を長くかければ、この4種類のモチーフを続けて織ることができます。

Color&Yarn Variation

よこ糸配色図

87　　　　88

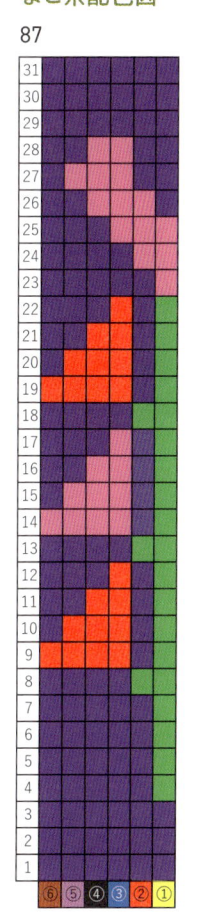
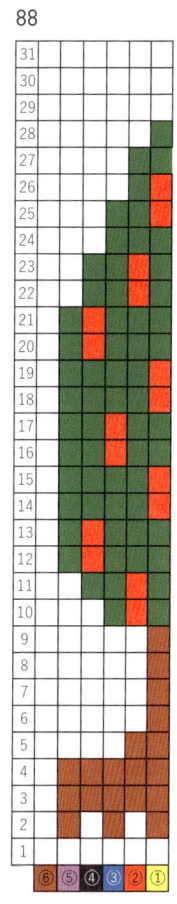

たて糸配色図（85・86・87・88 共通）

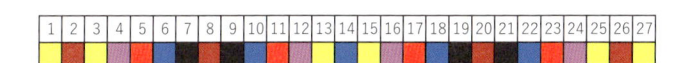

第4章

たて糸が見えない織り方

89

Color&Yarn Variation

89

ツリーをモチーフにしたブンデンローゼン
ゴンです。これは冬のイメージの色合いで
すが、よこ糸の色や背景の色を変えれば春
夏秋冬のデザインができるでしょう。

たて糸配色図（89・90・91 共通共通）

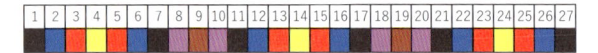

| 1 | 2 | 3 | 4 | 5 | 6 | 7 | 8 | 9 | 10 | 11 | 12 | 13 | 14 | 15 | 16 | 17 | 18 | 19 | 20 | 21 | 22 | 23 | 24 | 25 | 26 | 27 |

よこ糸配色図

89　　　90　　　91

90

ハウスをイメージしたブンデンローゼンゴンです。このモチーフも段数によってドアと窓のバランスなどを調整できます。

90

91

花畑をモチーフにしたブンデンローゼンゴンです。89、90とこの91は、たて糸も織る順番も同じグループなのでデザインも組み合わせることができます。

91

ブンデンローゼンゴンのポシェット

➡ モチーフ No.78 (P.104) を使用

ブンデンローゼンゴンは、それだけで織ると織り地が丸まります。このポシェットはブンデン柄の両サイドに平織りを加えることで丸まることのない使い勝手のよい織り地にしています。この作品も拾って織るからこそできるものです。卓上織り機30羽を使用しました。

第5章

綾織りと
オーバーショット

綾織り／オーバーショット

綾織り

たて糸とよこ糸が1本おきに交差する平織りに対し、
「綾織り」はたて糸、よこ糸とも2本以上の交差をします。
その模様が斜めに出てくることから「斜文織り」とも呼ばれています。
多くのバリエーションを持つ織り方なので試してみて下さい。

92

92

いちばん基本的な 2/2 の綾織りです。たて糸を 2 本おきに拾ってよこ糸を入れ、次の段は 1 本ずらしたたて糸を 2 本おきに拾います。このモチーフは、数字表への置き換え方を P.10 で解説していますので、参考にしてください。

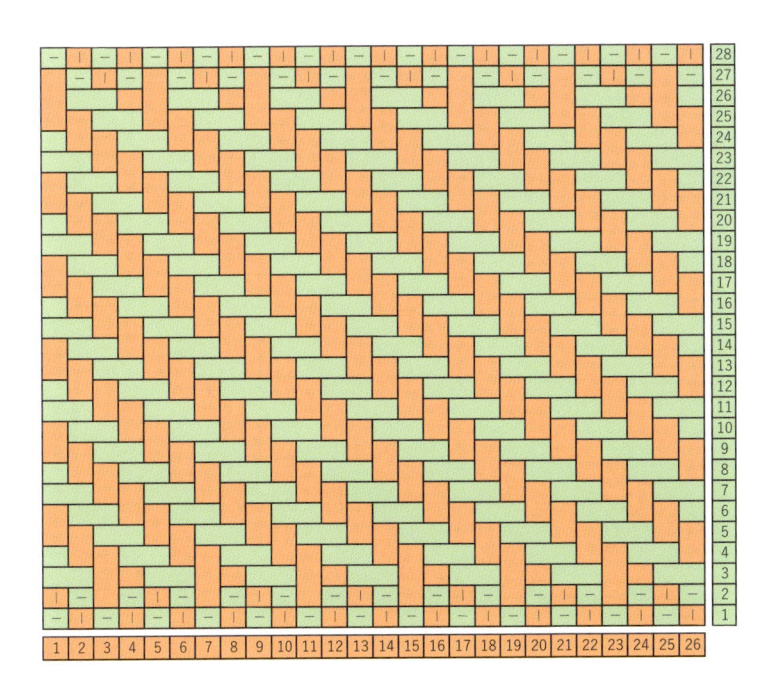

Color&Yarn Variation

〔 92 の織り方 〕

1 たて糸を 2 本おきに拾い、ピックアップスティックを立てる。

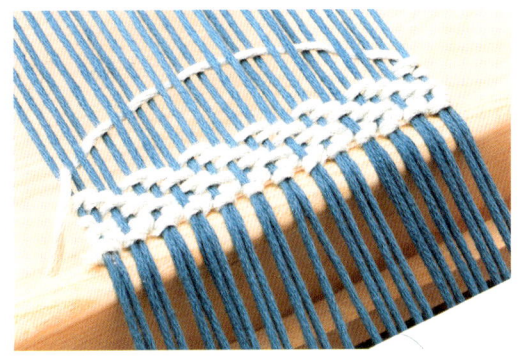

2 1 でスティックを立ててできたところによこ糸を入れる。次の段は、たて糸 1 本ずつずらして拾う。

93

1/3 の綾織りです。92 は 2・2・2 の順でしたが 1/3 はたて糸を 3・1・3・1 の順で拾っていきます。1 段ごとに拾うたて糸の位置を 1 本ずつずらします。

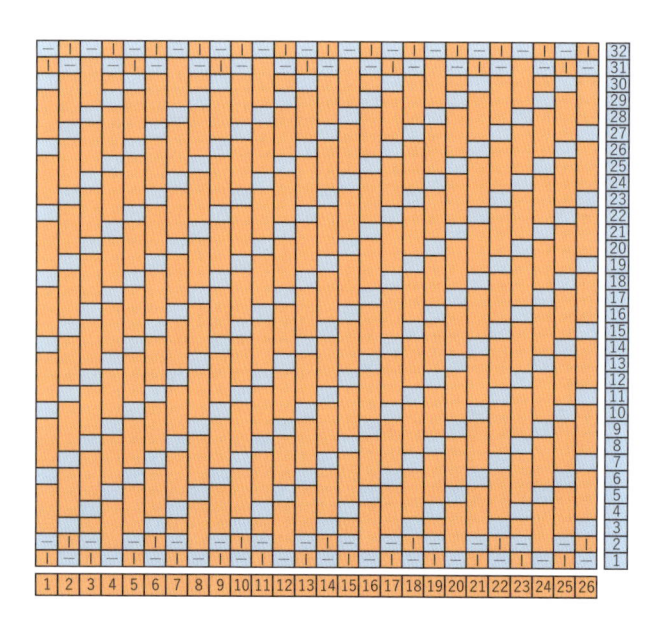

94

94

「綾千鳥」と呼ばれる柄です。たて糸を２本ずつ拾って織る 92 の 2/2 の基本の綾と同じ織り方ですが、たて糸を４本ずつの縞、よこ糸を４段ごとに変えるとこのような模様になります。

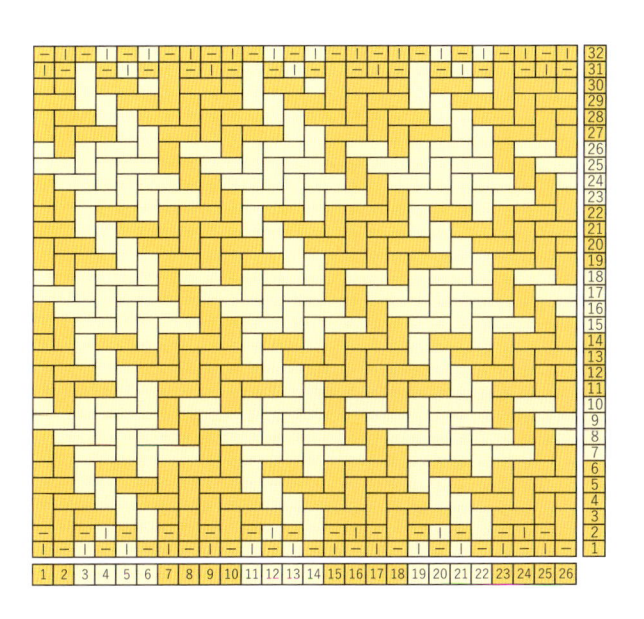

Color&Yarn Variation

A：色違いです。
B：生成り・青・紫・深緑の４色を使って織りました。

A

B

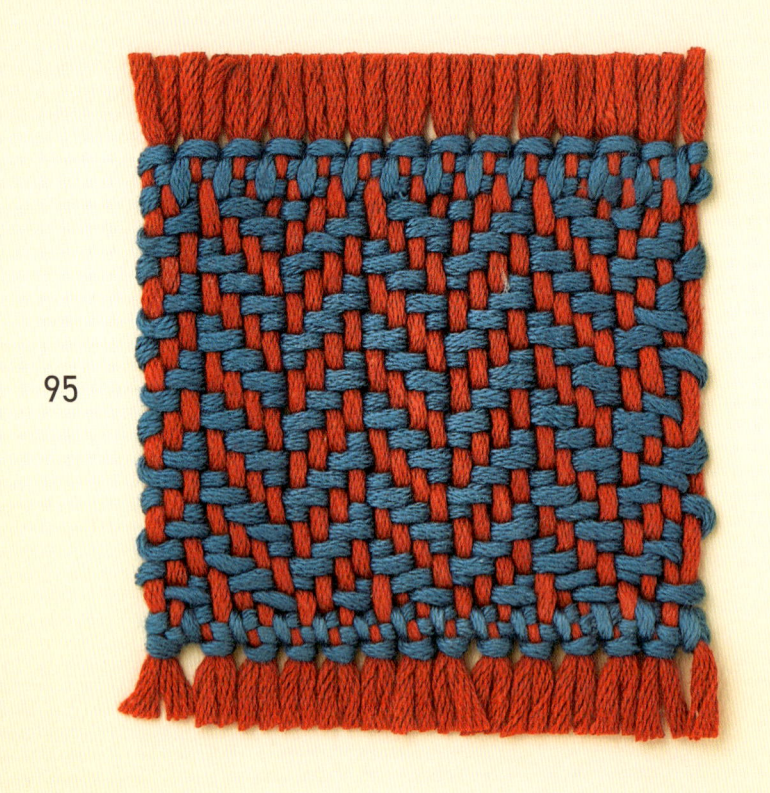

95

96

95

葉が互い違いに生える杉の葉。その形に似ていることから「杉綾」と呼ばれる模様です。この模様は、たて糸の本数で柄幅を変えることができます。このモチーフでは、たて糸4本ずつで柄を変えています。ただし、たて糸が27本のため、左端だけ3本の縞になっています。

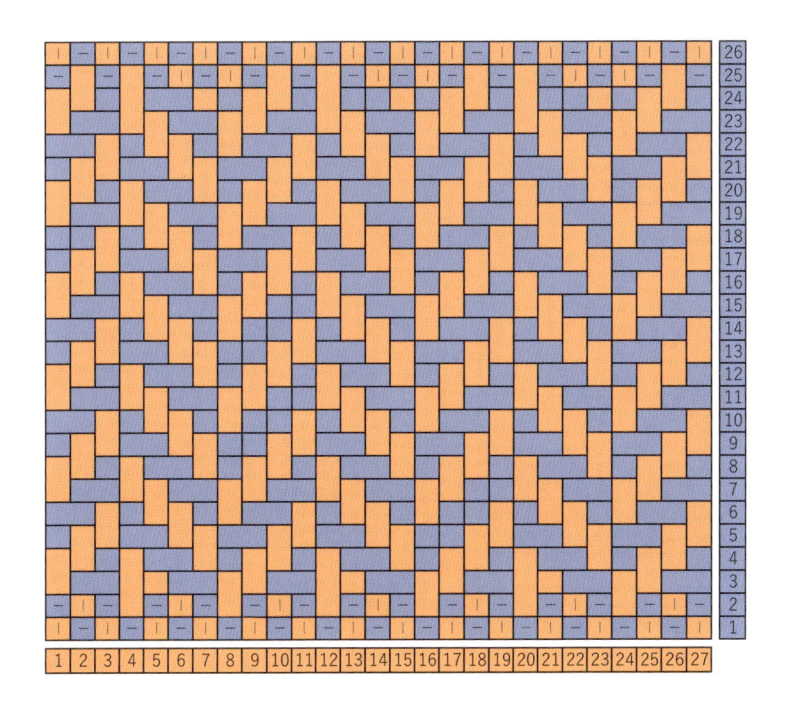

96

95と同様、杉綾と呼ばれるモチーフです。こちらはたて糸6本ずつで斜めの線を変えています。ただし、たて糸を26本としたため、両端のたて糸は7本になっています。

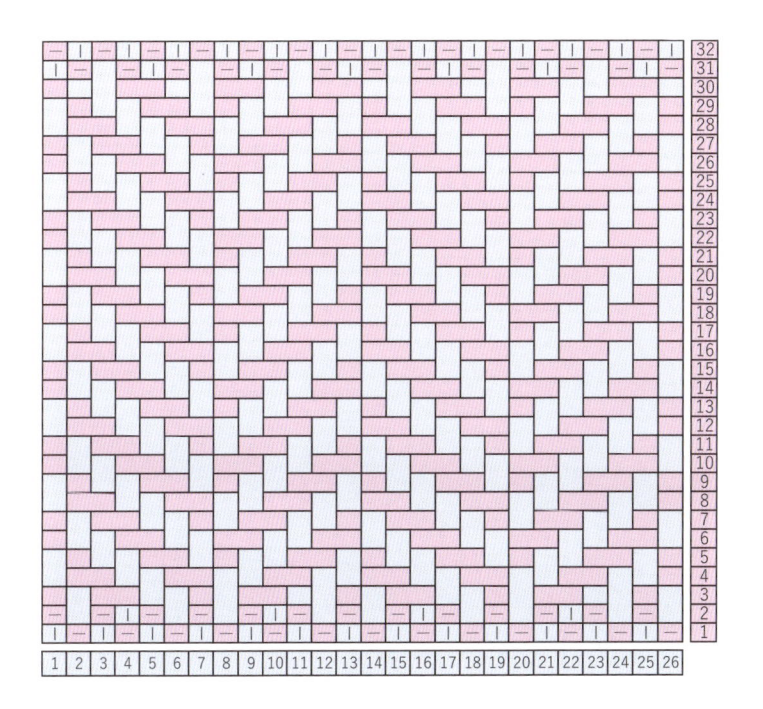

97

98

綾織りで菱形の模様を描くものを「ダイヤモンドツイル」と言い、そのダイヤモンドツイルの応用が 97〜99 の 3 点です。このモチーフは大きな菱形の大胆なデザインにしました。

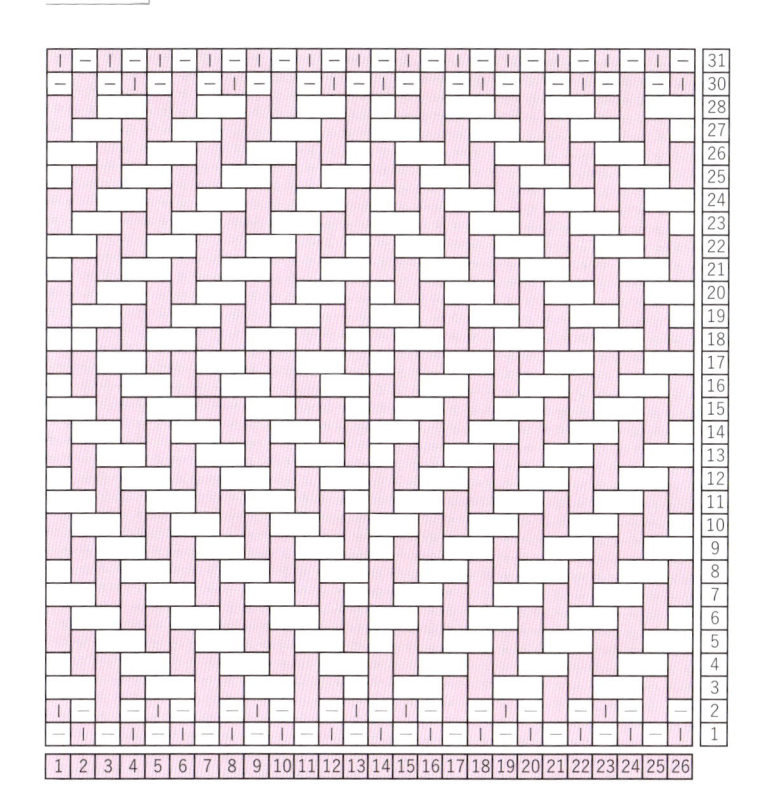

97 と同様、ダイヤモンドツイルです。こちらは 1 枚のモチーフの中に小さめの菱形をいくつか配置してみました。

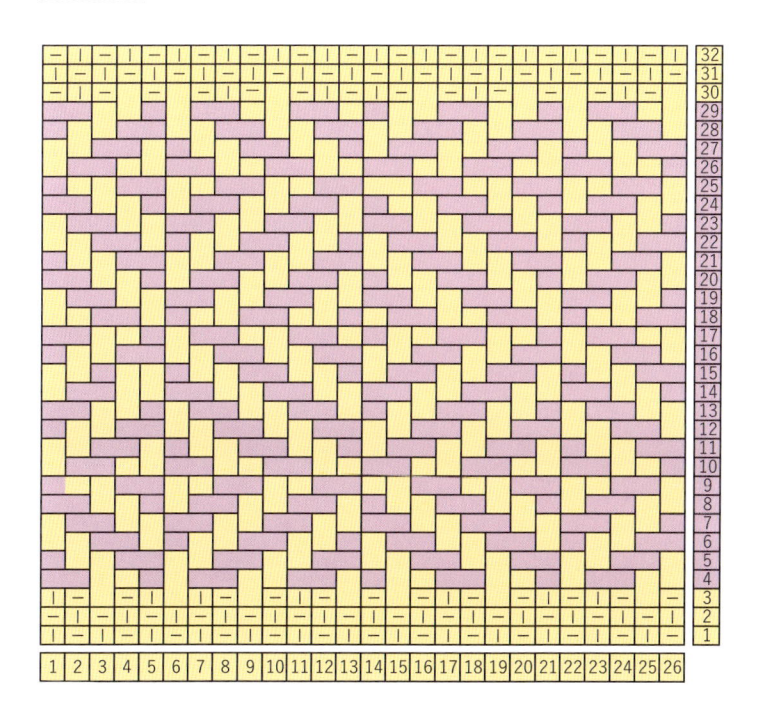

99

ダイヤモンドツイルの変化形です。上下左右が対象になるように配置したモチーフです。

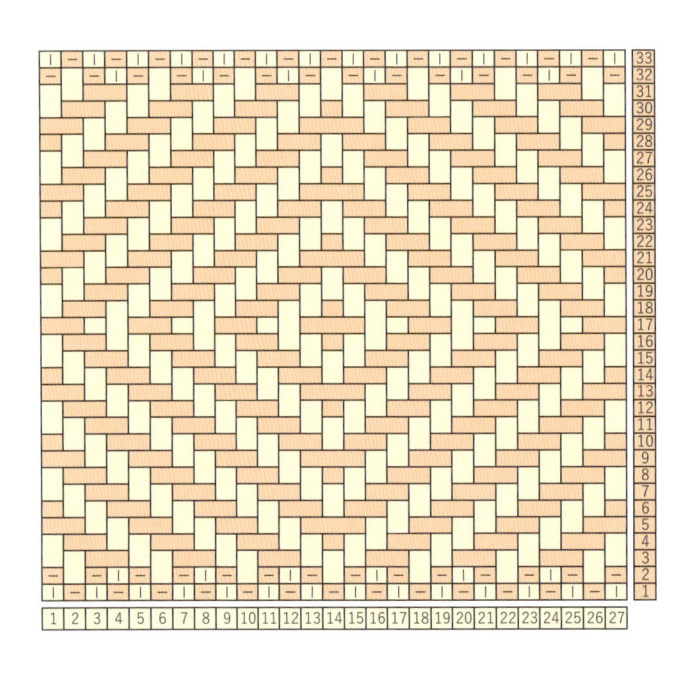

100

100

このようにカーブを描く綾織りを「曲がり斜紋」と言います。たて糸27本というモチーフのサイズの範囲で大きなカーブをつけてみました。

Color&Yarn Variation

101

102

101

小さな曲がり斜紋です。よこ糸は2段ずつ同じ開口です。細かく動くデザインは散歩道のようで楽しいモチーフになりました。

102

このように横にジグザクに上下する模様を「山形斜紋」と言います。少ない段数の繰り返しなので拾って柄を出すのは難しくありません。

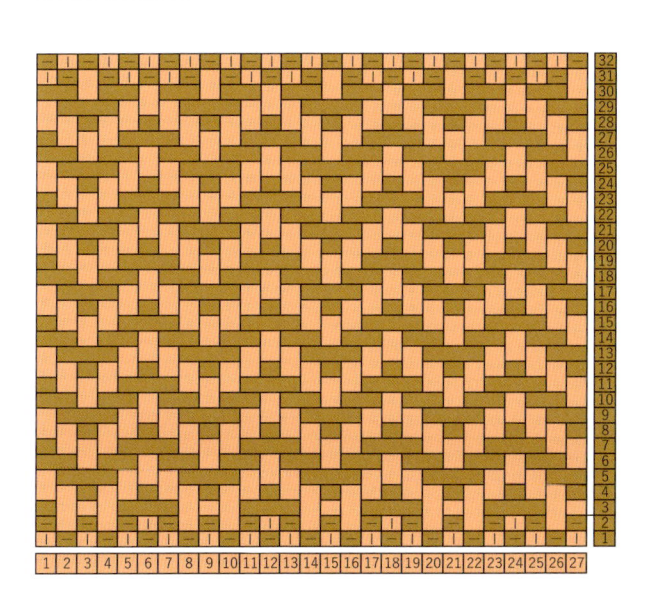

Color&Yarn Variation

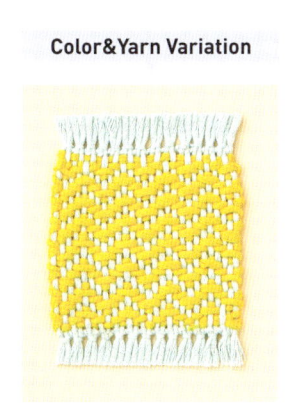

103

104

103

このように斜線がいったん分断される模様の綾織りを「破れ斜紋」と言います。このモチーフは裏面も同じような柄になります。

Color&Yarn Variation

104

綾織りに畝ができるような柄を「ツイルボーダー」と言います。打ち込みの加減によって、斜めの線が揃わなくなるので注意深く織りたいモチーフです。

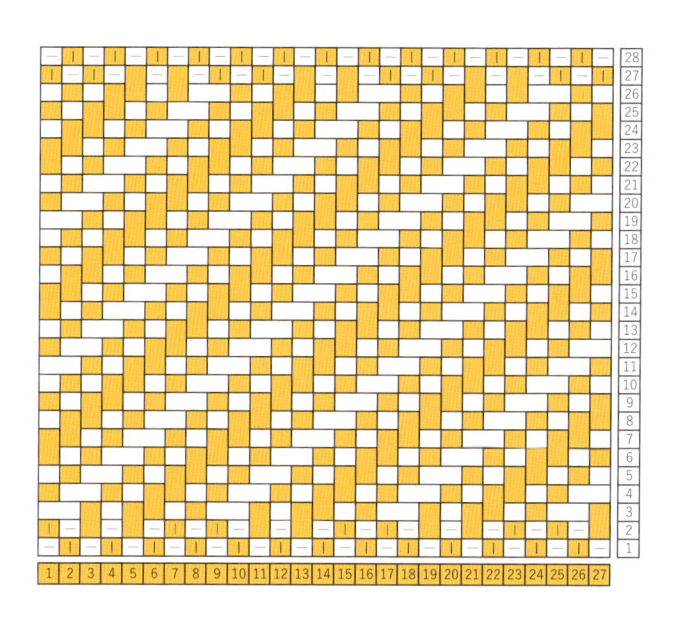

Color&Yarn Variation

105

105

変化綾の一種で「ダイアゴナル」という柄です。ちょうど 45 度に斜線が表れる個性的な
デザインのモチーフです。

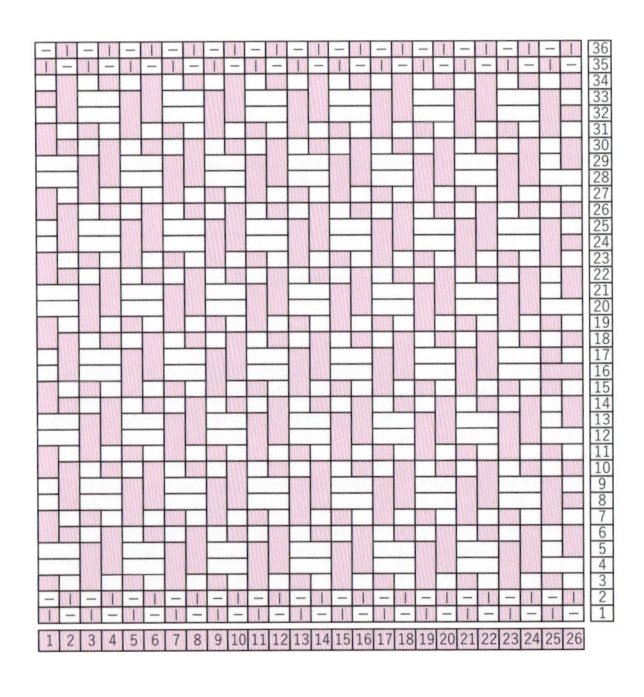

Color&Yarn Variation

106

斜めの四角が網代模様のように出てくることから「網代斜紋（あじろしゃもん）」と呼ばれる柄です。拾って織ると間違いやすい点もありますが、メリハリのある試してみたい柄のひとつです。

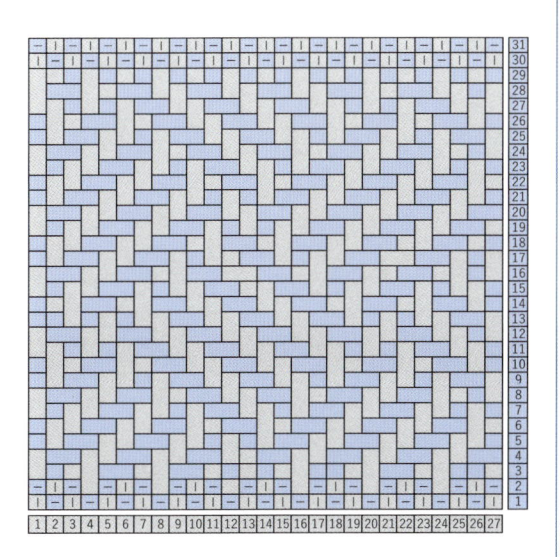

107

106の網代斜紋の応用デザインです。網代斜紋を織っている途中で平織りを2段加えています。

Color&Yarn Variation

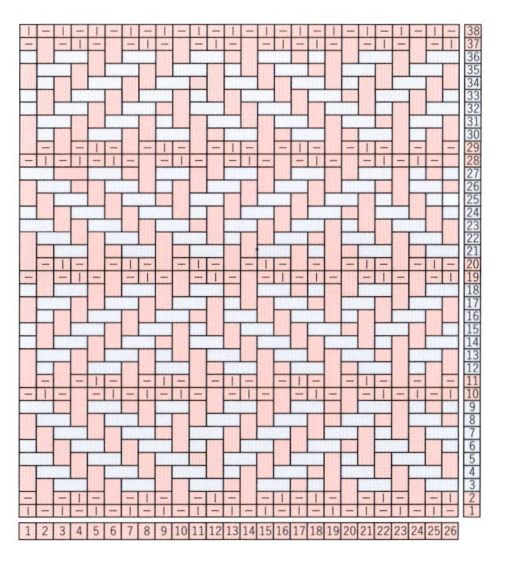

133

オーバーショットの模様織りショール

➡ モチーフ **No.120**（P.148）を使用

模様を出したい部分に太糸を使って、ポコポコと立体的な模様が浮き立つようにしました。
ベースにはシックな段染め糸を使っています。

左ページと同じ柄の色違い。卓上織り機の30羽で織りました。左ページでは見えていませんが、2ヵ所に入れた模様織りは同じ柄の表裏です。首に巻いても、広げて肩にかけてもすてきなショールに仕上がりました。

オーバーショット

「オーバーショット」は英名で、スウェーデン語では「ダーラドレル」と言います。
ごく簡単に言うと浮き織りの複雑バージョンで、
よこ糸が長く飛ぶ場合、浮いた糸を押さえる意味で
タビー糸という細い糸で平織りを加えながら織る柄もあります。

108

108

オーバーショットは、おもしろい柄を作るためによこ糸を長く浮き糸状態で飛ばします。その飛ばしたよこ糸を落ち着かせるために細い糸で平織りを加えますが、その押さえの平織りとなる細い糸をタビー糸と言います。タビー糸は柄によって入れる場合と入れない場合があり、108～114まではタビー糸を入れています（ただし、織り図にはタビー糸は表記していません）。

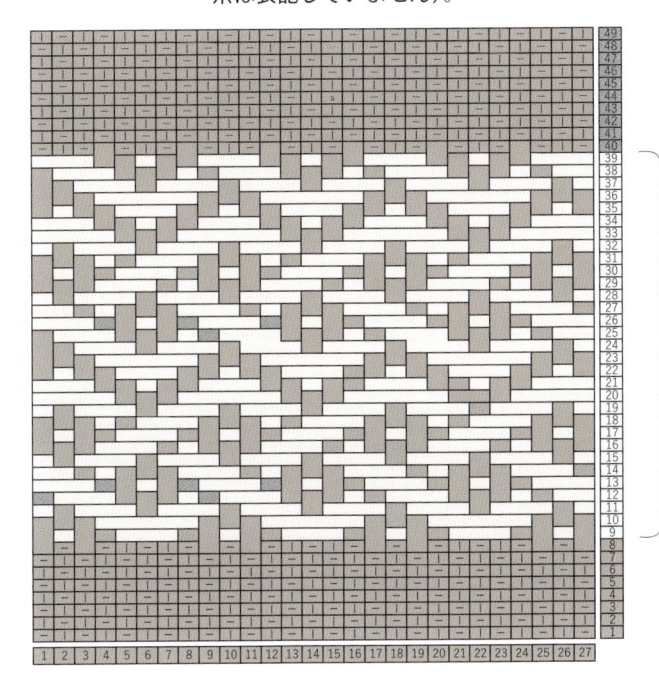

9段目～39段目にタビー糸を入れる。タビー糸は平織りの開口で入れ、1段おきに逆の開口の平織りにする。

（ 108 の織り方 ）

1　織り図をもとにたて糸を拾う。

2　その隙間によこ糸を入れて打ち込む。

3　平織りの開口にしてタビー糸を入れる。

4　織り図を見ながら1～3を繰り返す。

109

110

109

これもタビー糸ありのオーバーショットです。タ
ビー糸のありなしに明確なラインはありませんが、
このモチーフのようによこ糸が多く飛ぶ場合はタ
ビー糸を入れたほうが織り地が落ち着きます。

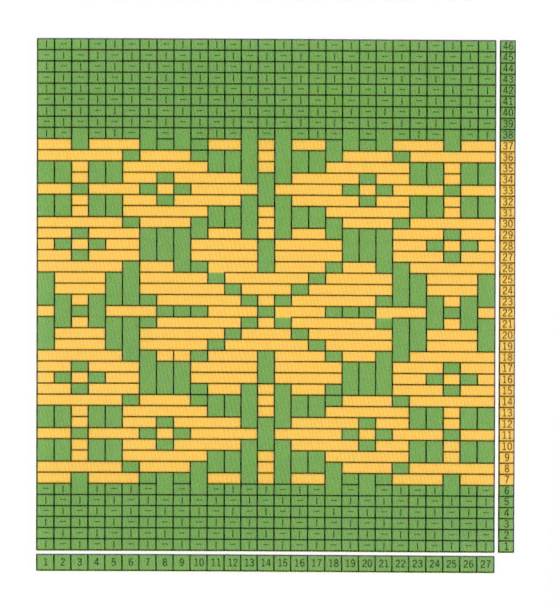

110

このモチーフもタビー糸を使用していますが、こ
の程度のよこ糸の浮かせ方ならタビー糸を使わな
くても大丈夫でしょう。

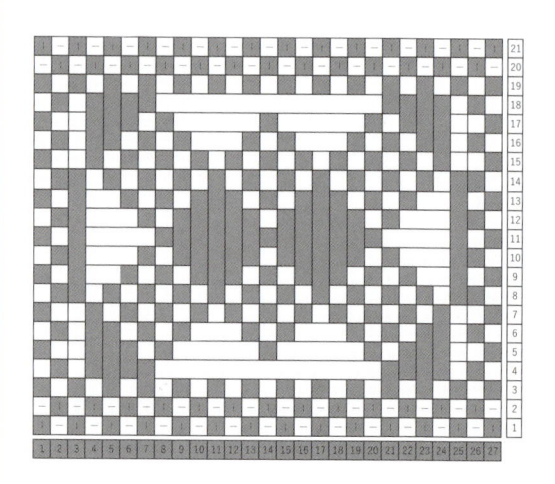

111

112

111

このモチーフもタビー糸ありです。タビー糸は見えないように織る押さえのための糸なので、メインのよこ糸よりかなり細めの、たて糸と同じ色を選びます。

112

このモチーフの場合、タビー糸が見えています。本来であれば目立たないのが目的なのでたて糸と同系色の色を選びますが、メインのよこ糸の浮いた感じを強調したければ、よこ糸と同系色を選ぶとよいでしょう。

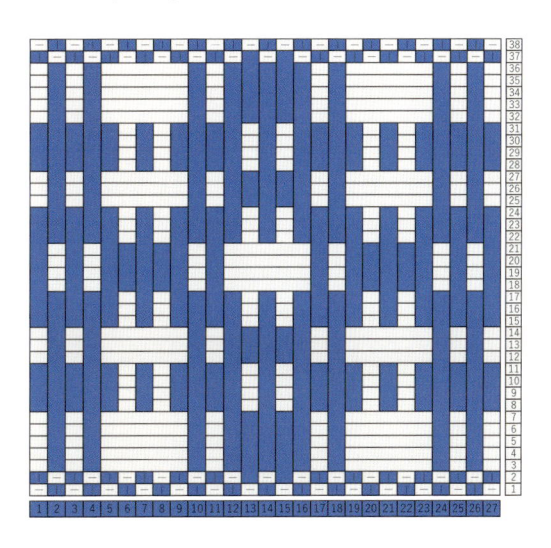

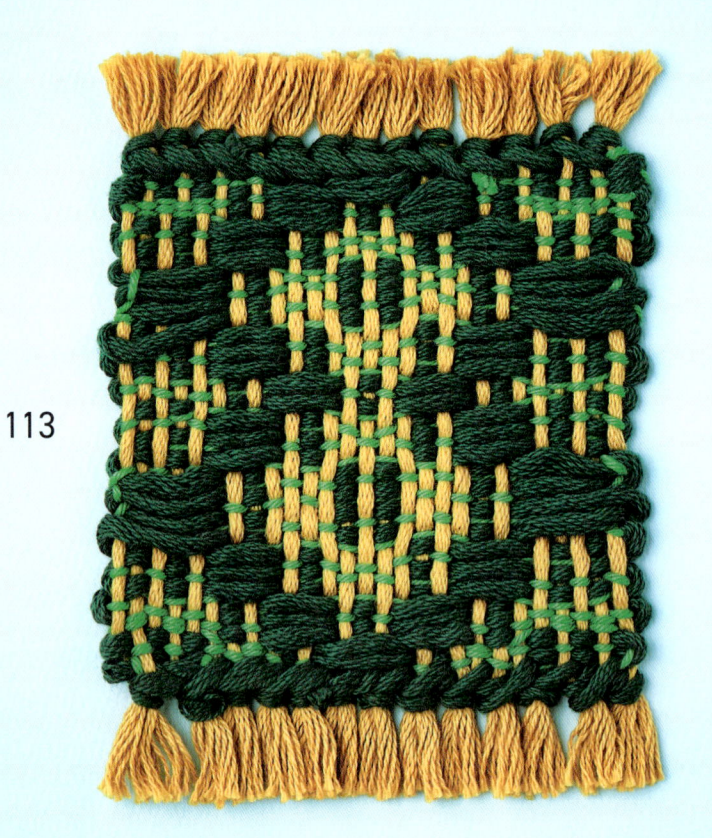

113

114

113

このモチーフもタビー糸が見えています。タビー糸をたて糸と同系色にすればより柄がはっきりします。

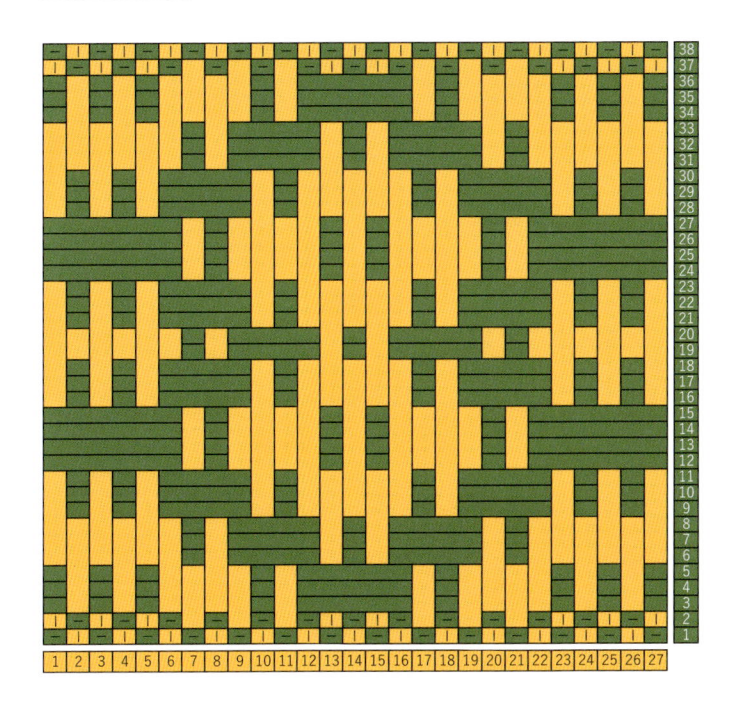

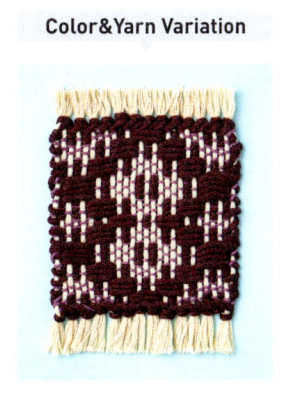

114

たて糸と同系色のタビー糸を選んだため、柄がはっきりと目立つのがこのモチーフの特徴です。

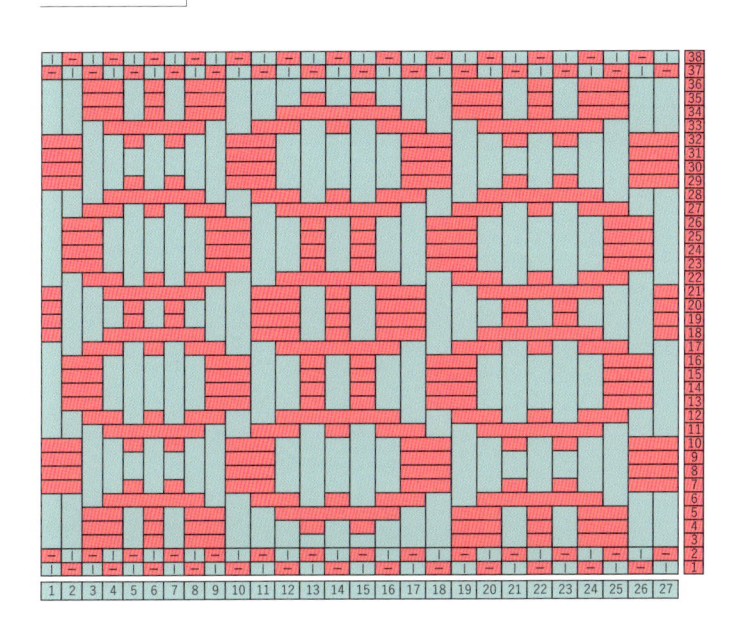

裏

115

116

115

このモチーフを含め 123 までの 9 点はタビー糸なしのオーバーショット。なかでも 115 と 116 には「バーズアイ」という名前がついています。鳥の目は瞼が上下同時に動いて閉じたり開いたりしますが、その様子と柄が似ているのが由来です。

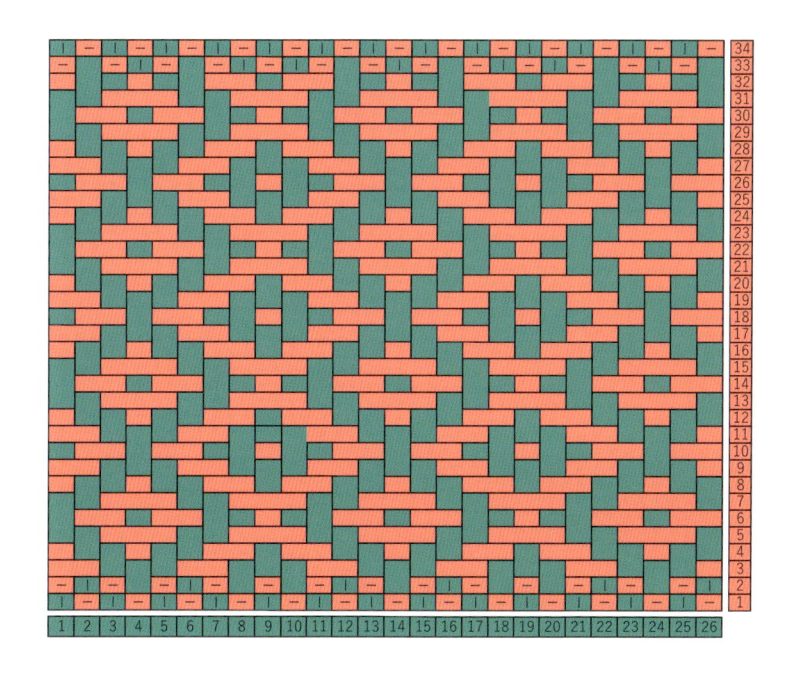

Color&Yarn Variation

116

115 は部分的にバーズアイを取り入れましたが、こちらは全面的にバーズアイです。上下の瞼の隙間から眼光鋭い瞳がちらっと見えています。このモチーフは、数字表への置き換え方を P.11 で解説していますので参考にしてください。

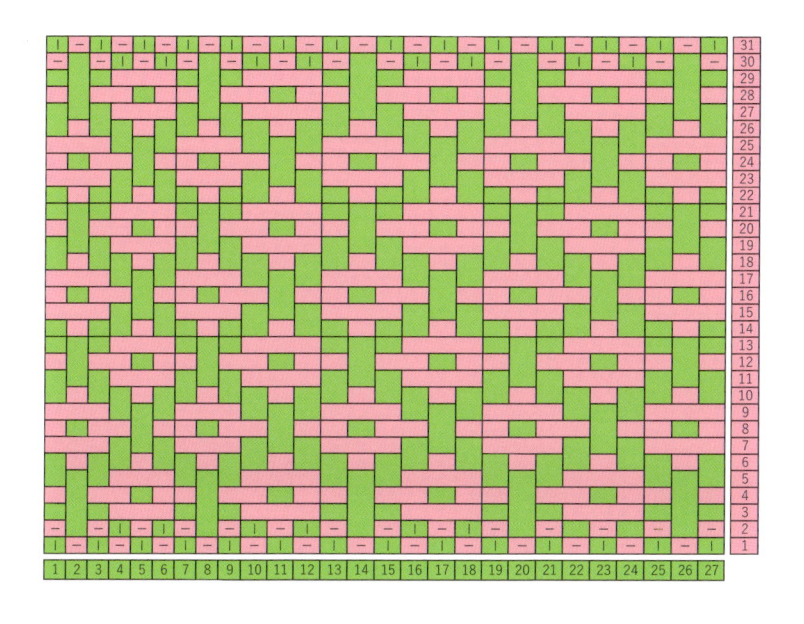

Color&Yarn Variation

117

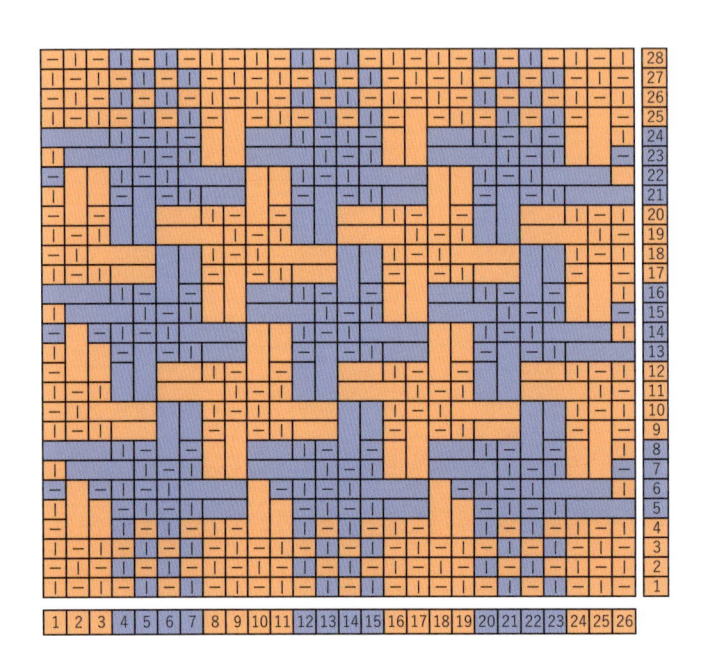

117

オーバーショットで綾千鳥風の柄を織りだしました。ちょっと変則的な拾い方になりますが、柄自体は小さいので間違いにも気がつきやすいでしょう。

Color&Yarn Variation

オーバーショットの竹マット

➡ モチーフ No.110 (P.138)、No.111 (P.139) を使用

オーバーショット柄のよこ糸に太さの違う2種類の竹ひごを使いました。表と裏で柄が違うので、リバーシブルで楽しめます。極太綿糸をたて糸にしたので、卓上織り機の20羽で織りました。

118

119

118

パッチワークでも人気の積み木柄のオーバーショットです。このモチーフの柄は P.210 の裂き織りマットでも使われています。

119

118 のモチーフの柄を少し小ぶりにしてみました。小さなサイズの布を織る場合は、この程度に柄を収めたほうが使いやすいです。

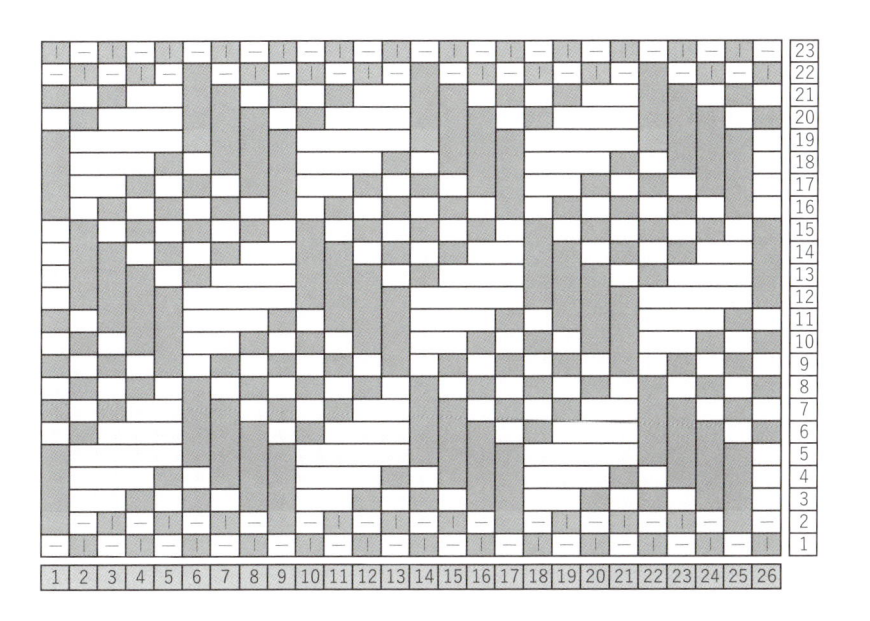

120

このモチーフは菱形のオーバーショットです。P.134のショールはこのモチーフを模様として入れています。

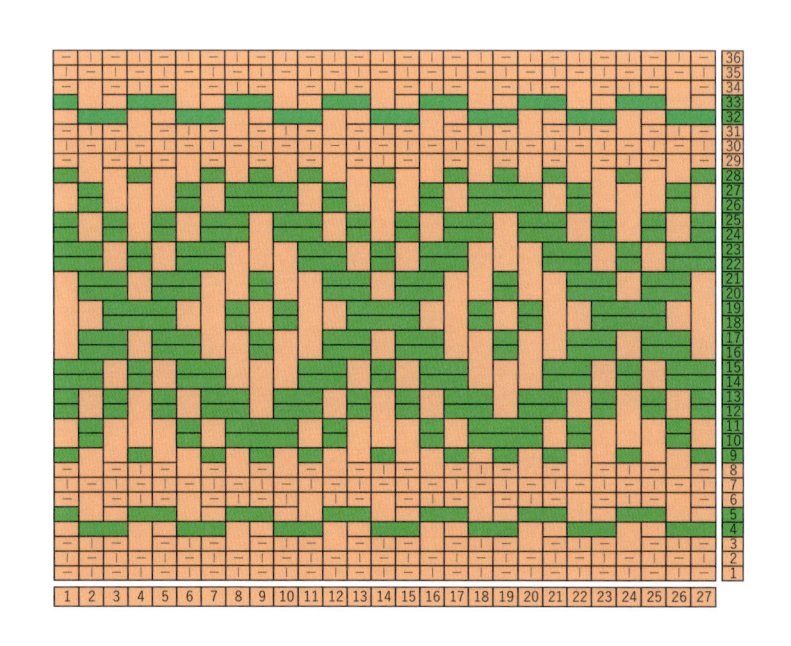

| 1 | 2 | 3 | 4 | 5 | 6 | 7 | 8 | 9 | 10 | 11 | 12 | 13 | 14 | 15 | 16 | 17 | 18 | 19 | 20 | 21 | 22 | 23 | 24 | 25 | 26 | 27 |

Color&Yarn Variation

121

121

タビー糸のない小さな柄のオーバーショットです。初めて拾って織る方はこのくらいの小さな柄から始めるとよいでしょう。

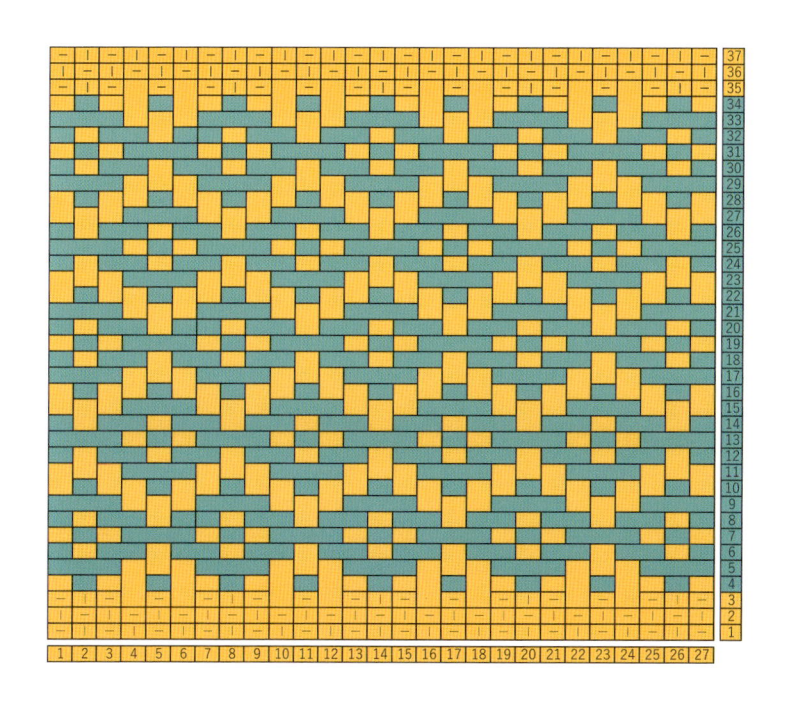

Color&Yarn Variation

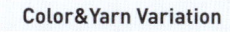

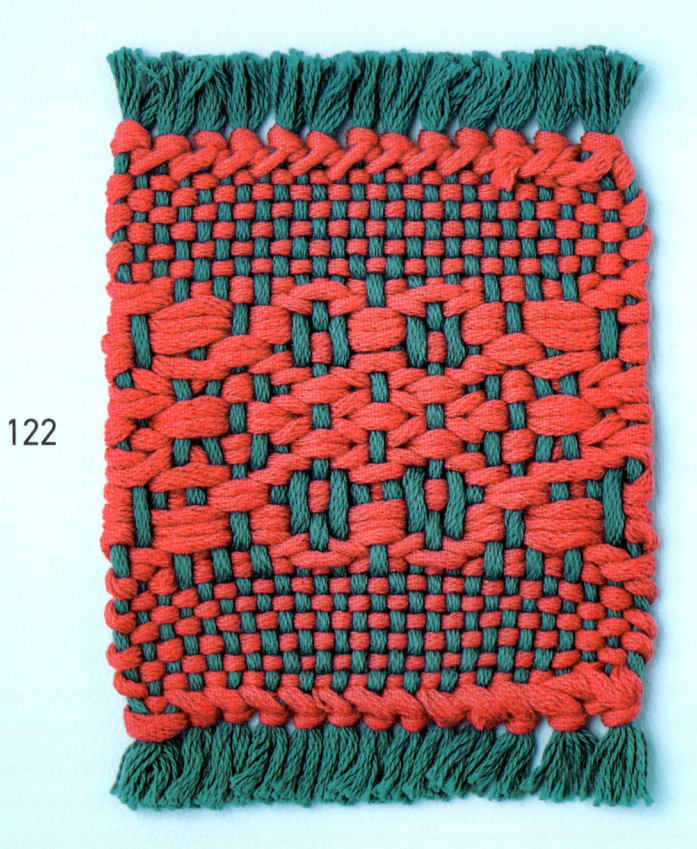

122

123

122

少し不思議な柄のオーバーショットです。このモチーフのように上下に平織りを入れてワンポイントでオーバーショットを加えてもいいでしょう。

123

1枚のモチーフの中心にだけ柄を入れました。多ソウコウの織り機では総柄になるので、このように中心だけに柄を入れられるのはたて糸を拾って織るからできることです。

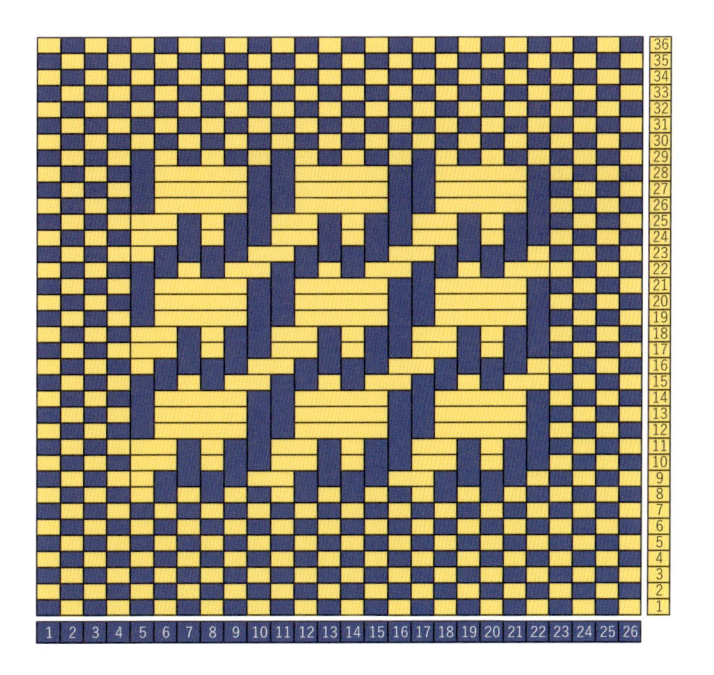

コースターサイズのモチーフを生かす

無地バッグに縫いつける

シンプルな無地のトートバッグにコースターサイズの織り地を縫いつければ、あっという間に個性的なバッグに。地のバッグの大きさに合わせて、縫い合わせる枚数を決めましょう。写真のバッグは縫い合わせたモチーフをポケットとして使いました。

手持ちの糸での試し織りや、模様織りの練習として織った
コースターサイズのモチーフがたくさんできたら、縫い合わせて楽しんでみましょう。

縫い合わせて
クッションカバーに

コースターサイズのモチーフが
たくさんたまったら、つなぎ合
わせてクッションカバーや座布
団にするのもおすすめ。本書で
はさまざまな色の糸を使ったの
で、モチーフを並べて色合わせ
を楽しみました。

ワントーンのマット

たて糸、よこ糸とも同じ糸色で、さまざまな模様織りのモチーフを制作。6枚を縫い合わせて小ぶりのマットにしました。シンプルに見えるけれど、模様織りの繊細さを楽しめるアイテムになりました。

12枚でポーチに

表裏で合計12枚のモチーフを縫い合わせてファスナーをつけ、ポーチに仕立てました。色合わせはもちろん、模様の組み合わせも考えながら配置を楽しんでみてください。

16枚で小物入れ

コースターサイズのモチーフ16枚を縫い合わせ、裏地をつけて四隅をボタンで留めただけの簡単小物入れ。写真下はひっくり返して底から見たところです。四角く縫い合わせただけなのに、どこか愛らしい形になりました。

カラフルマット　手持ちの余り糸などでコースターサイズのモチーフを試し織りすると、さまざまな色のモチーフができてしまいがち。あえてカラフルなモチーフばかりを縫い合わせても、両サイドに無地を加えることでバランスがとれ、にぎやかで楽しいマットに仕上がりました。

(第**6**章)

その他の模様織り

浮き織り／はさみ織り／二重織り／サマーアンドウインター／
ワッフル織り／変口斜線織り／スペース織り／トンボ織り／花織り／
キャンバス織り／スキップ織り／メガネ織り／吉野織り／レンガ織り／
引き返し織り／モンクスベルト織り／ウインドミル

浮き織り

たて糸の上によこ糸がわたって入って柄ができるのが「浮き織り」です。
具象柄などデザインの幅は広いので、
ぬり絵感覚でオリジナル柄を作ってみるとおもしろいでしょう。

124

124

基本モチーフとしてたて糸を4本ずつ飛ばしながら浮き糸を入れました。たて糸を閉じた状態にしてピックアップスティックで拾っていきます。右の図表はたて糸の拾い方です。中央の赤線がたて糸を表し、26本のたて糸は3本拾って4本落とす……最後は3本拾うという見方をします。

Color&Yarn Variation

たてよこ糸の色を変えることで同じデザインのモチーフでも印象が変わります。

（ たて糸の拾い方 ）

3		4		4		3
	4		4		4	

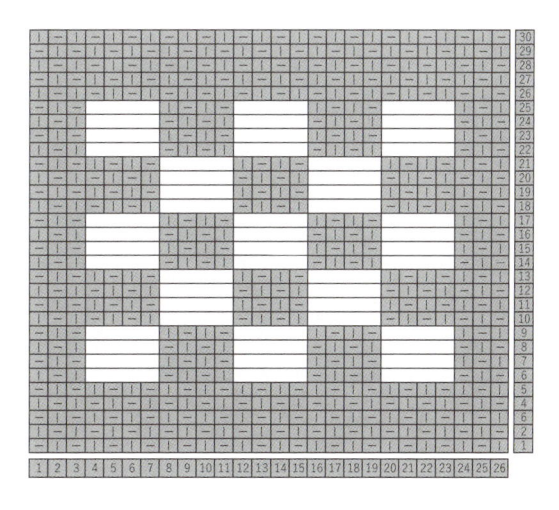

（ 124 の織り方 ）

1 平織りを何段か織った後、26本のたて糸を拾い方の表のとおりにピックアップスティックで拾って、よこ糸を入れます。

2 ピックアップスティックを抜いて打ち込み、さらに平織りを1段入れます。

3 1と同じ拾い方をし、その後平織りを入れるのを4回繰り返します。

4 次は1～3と逆の拾い方をしてから平織りを入れるのを4回繰り返します。

159

125

125

植物の抽象的なデザインとしてボタニカルシリーズとしました。シリーズのはじめは、たて糸の本数を決めて左右上下対象の柄にしました。簡単なのに柄がはっきり出るのが浮き織りの特徴です。

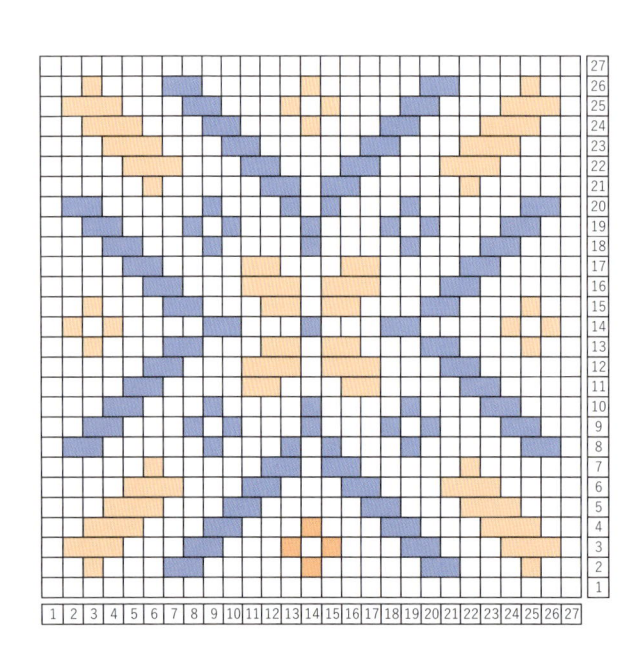

Color&Yarn Variation

A：たて糸に並太綿糸を使いました。たて糸がちらちら見えるのでどちらがよいかはお好みです。
B：色違いです。

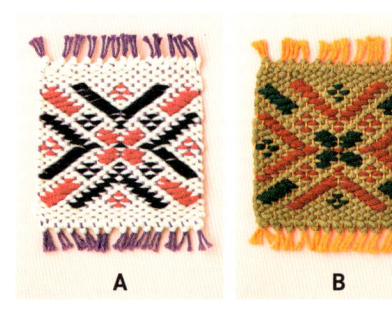

A　　　　　　B

126

126 ボタニカルシリーズの中でも結晶をイメージしてデザインしています。糸の色を変えることでかなり印象が変わります。

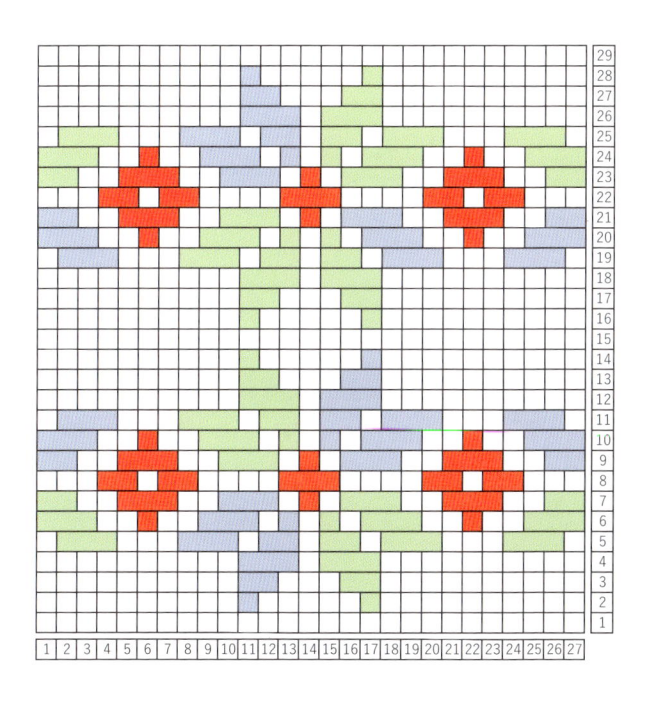

Color&Yarn Variation

A：たて糸の太さ違いです。
B：色違いです。

A

B

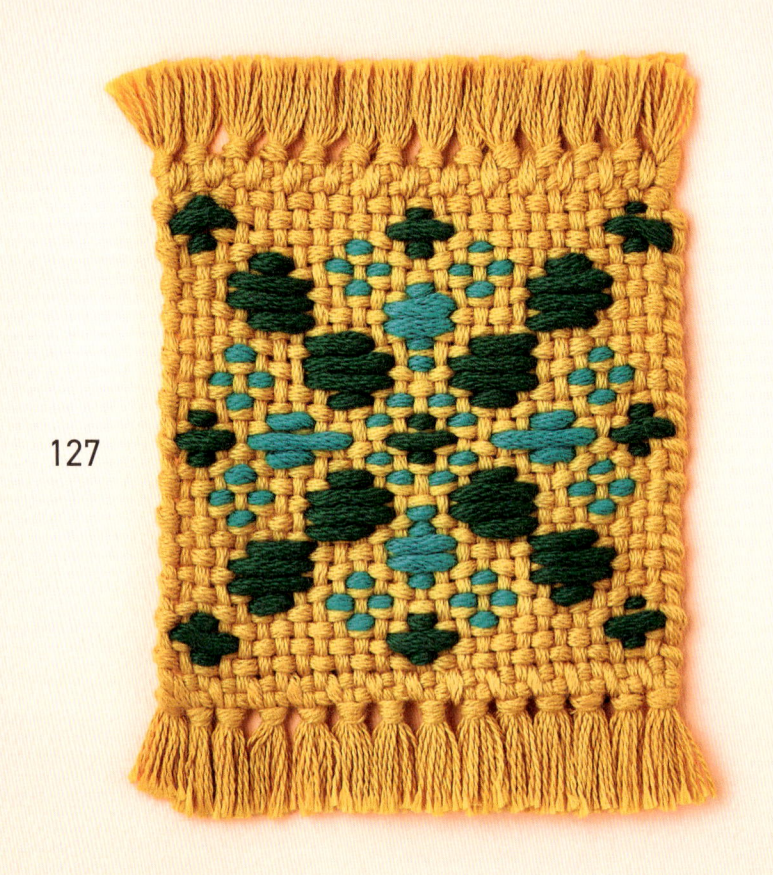

127

128

127

ボタニカルシリーズです。ちょっとしたデザインの違いでイメージは変わります。

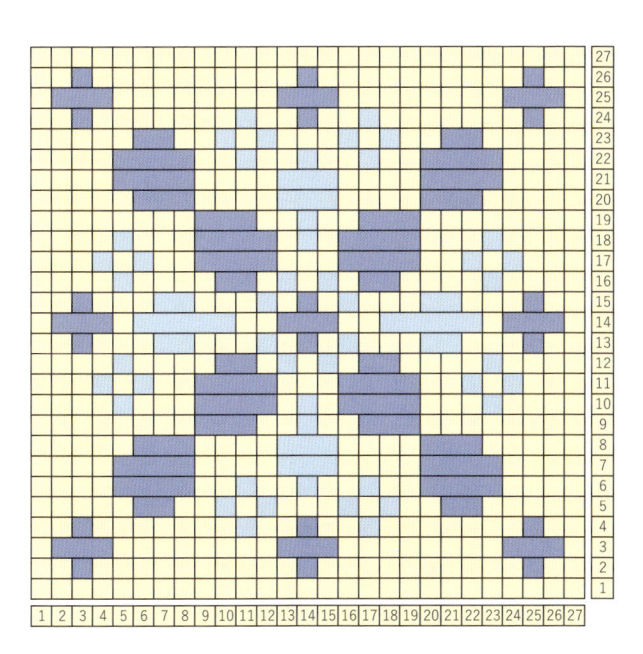

Color&Yarn Variation

同じ3色使いでも色を変える
と違って見えます。

128

ボタニカルシリーズです。紋章のような大柄に見えるのが特徴です。

Color&Yarn Variation

129

129　ボタニカルシリーズ。ちょっと刺し子柄にも似たデザインを浮き織りモチーフにしました。

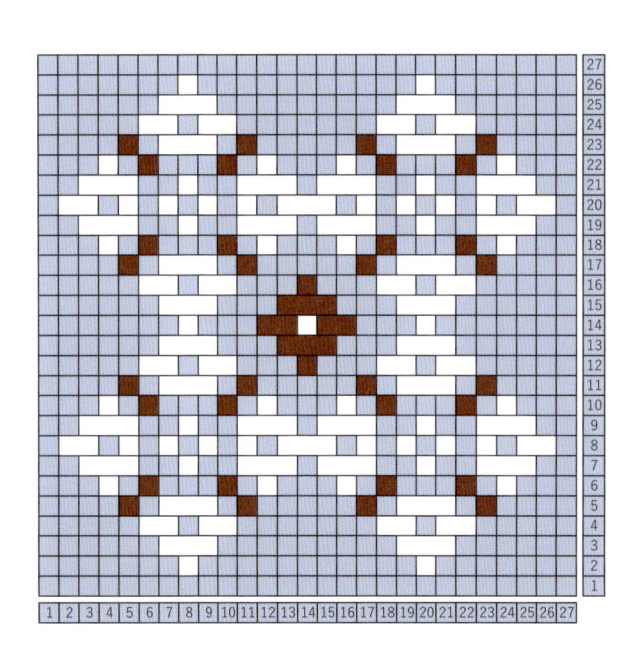

Color&Yarn Variation

130

130

ボタニカルシリーズ。欧州の紋章のようなデザインのモチーフです。色違いでかなりイメージが変わります。

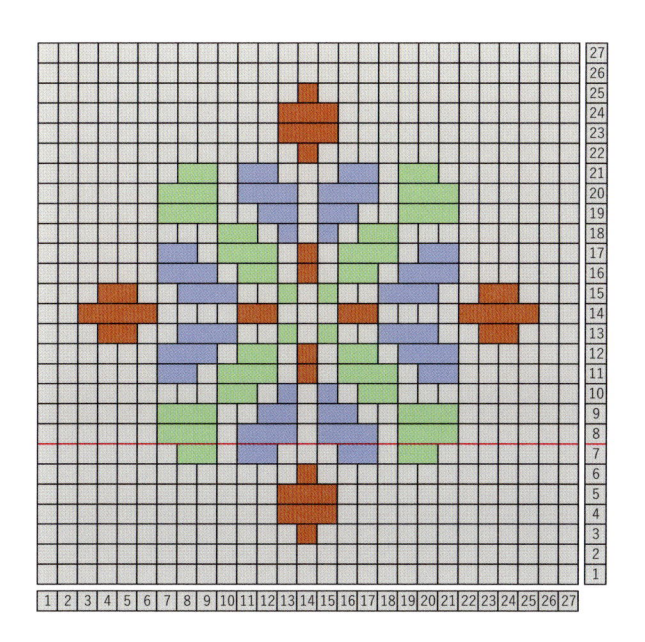

Color&Yarn Variation

131

131

ボタニカルシリーズ。大柄が多いので小花を全体に配置してみました。色を変えればイメージが膨らみそうです。

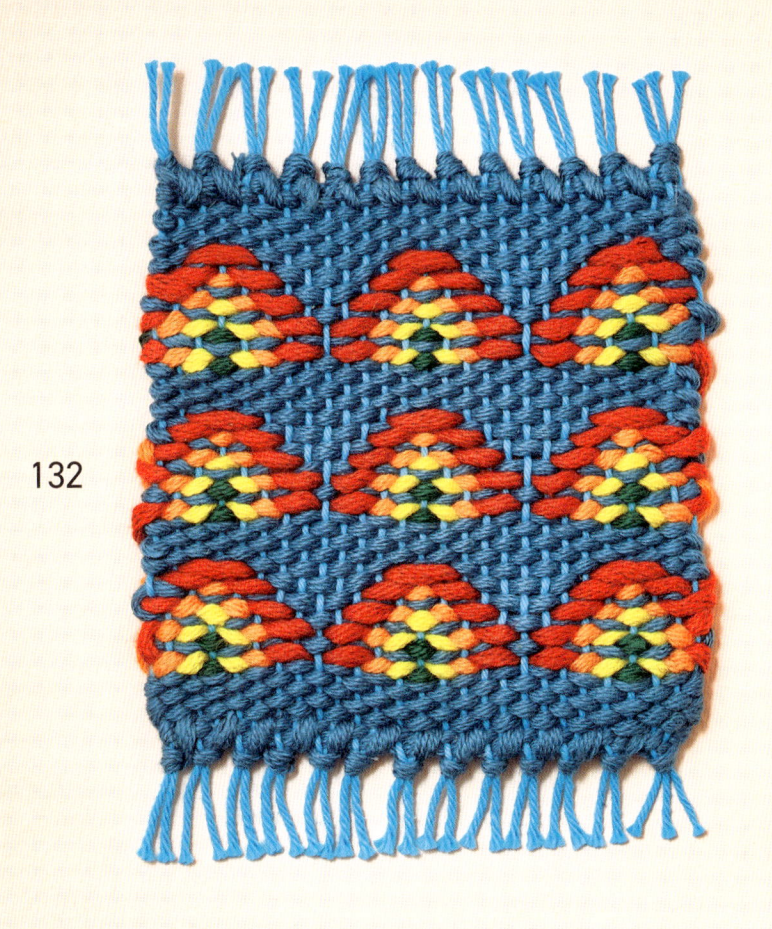

132

132

このモチーフは他と異なる浮き糸の入れ方をしています。虹のようなグラデーション感を出すため、1段に何色もの浮き糸を入れています。

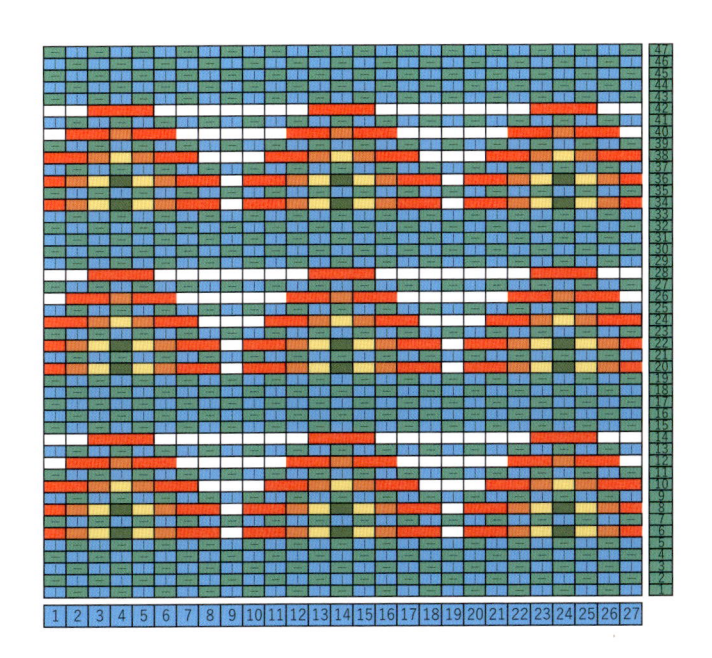

Color&Yarn Variation

133

133 私たちもよく利用するハサミを浮き織りのモチーフにしました。このデザインを応用すればリボンもできそうです。

Color&Yarn Variation

134

134

波をイメージしたデザインです。青系で色違いを作るとおもしろいでしょう。

Color&Yarn Variation

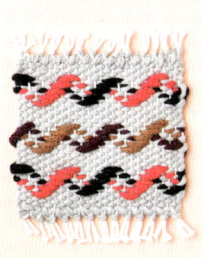

135

136

135

風に揺れる野の花をイメージしました。本書では粗いたて糸密度と太糸を使用していますが、密度を変えて細い糸を利用すれば、もっと繊細なデザインもできます。

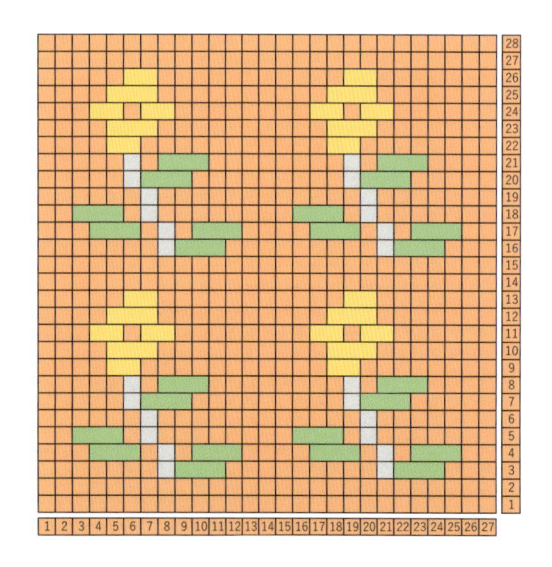

136

たて糸27本で連続の小花模様を織りだしました。本書のモチーフはたて糸が26本か27本ですが、このように左右を対象にしたい場合は27本、つまり奇数にするとよいでしょう。

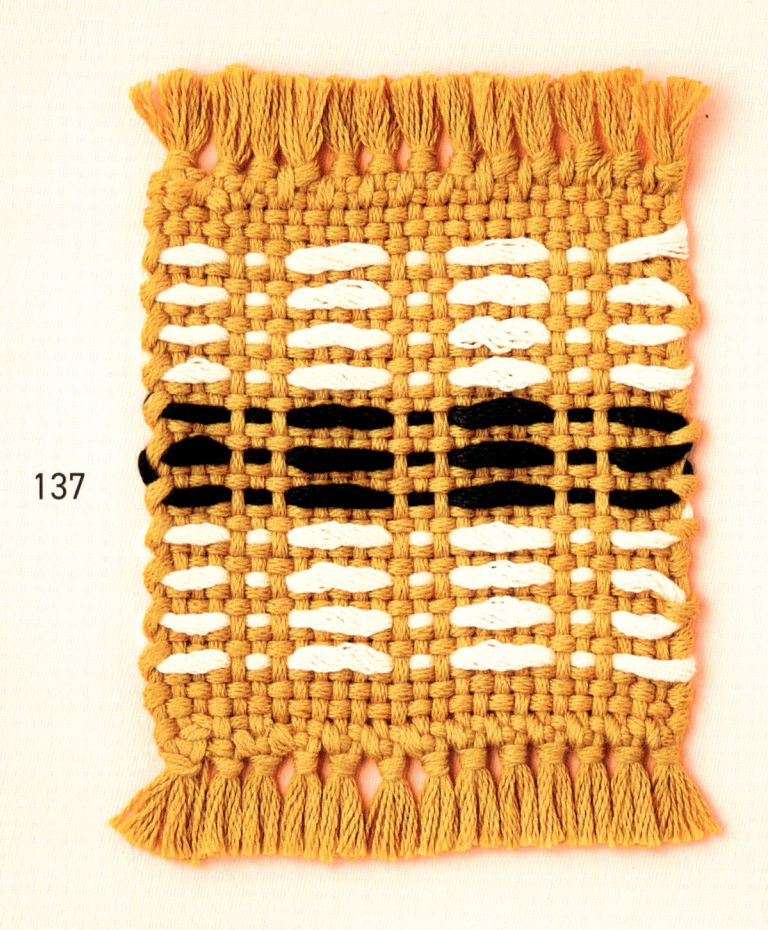

137

137

このモチーフ以外の浮き織りはたて糸を閉じた状態で浮き模様を拾いますが、この浮き織りはたて糸を開口した状態で上糸だけを拾います。そのため凹凸も少なく、コースターなどとして使う場合でも安定します。

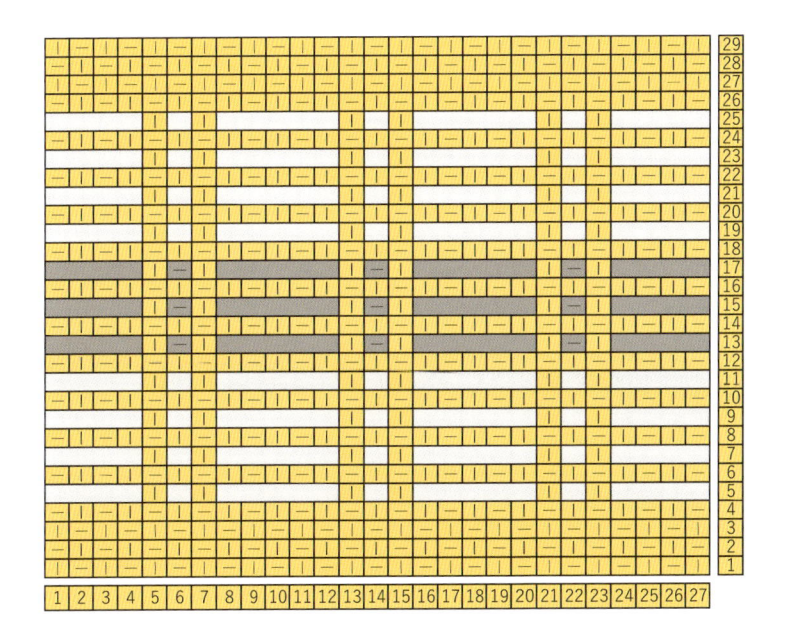

裏

裏面はよこ糸が飛んでいません。

はさみ織り

浮き織りはたて糸を閉じた状態で柄糸となるよこ糸を通していきますが、
「はさみ織り」はたて糸を開口させ、
柄の部分だけ地糸と同じ段にはさんでいきます。
デザインに制約はありますが、
浮き織りと同様に具象柄ができる織り方のひとつです。

138

139

138

基本となるはさみ織りで、横縞と縦縞模様にしました。このシンプルな基本を組み合わせるだけでもオリジナル模様ができます。

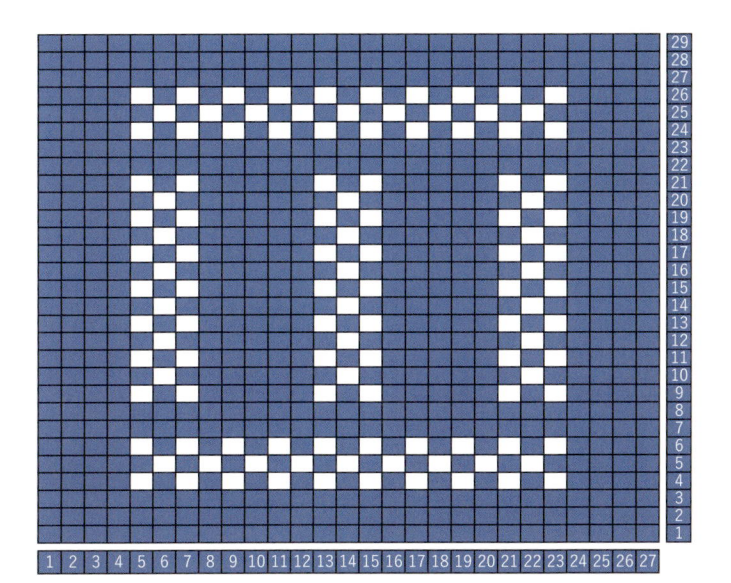

139

柄糸をはさむ範囲を1段ごとに減らし、三角模様を作った後、また柄糸をはさむ範囲を増やし、ふたつの三角形を描きました。

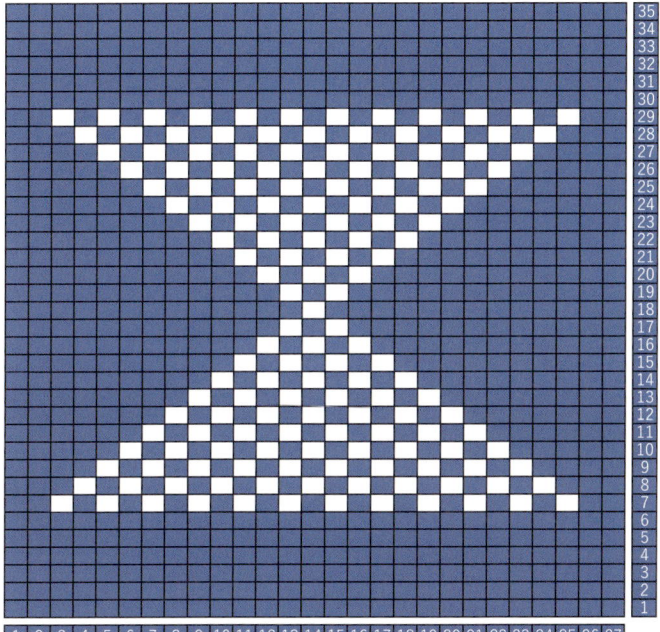

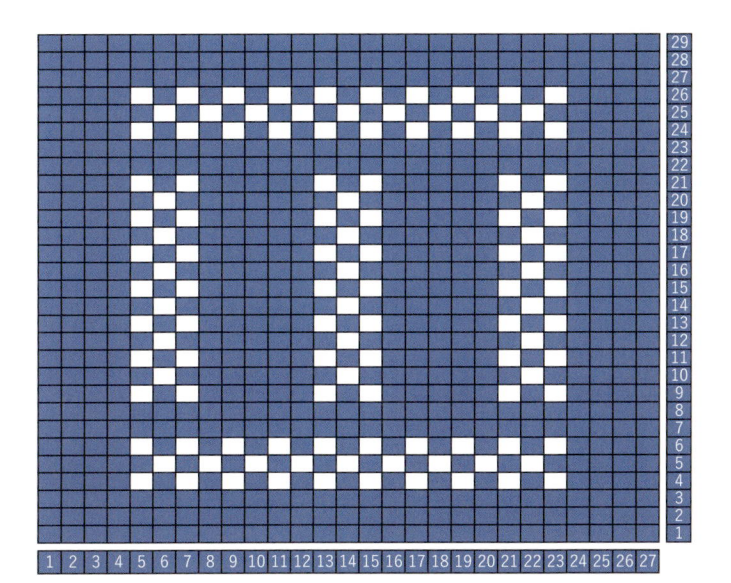

140

はさみ織りは具象柄もできる織り方です。
ここでは１目おきによこ糸（刺し子糸）が
飛ぶ共通の特性を生かして、刺し子風のデ
ザイン展開をしてみました。

141

刺し子柄の立菱模様をアレンジしました。
菱形模様はどのように組み合わせるかで多
くの刺し子作品に出てきます。

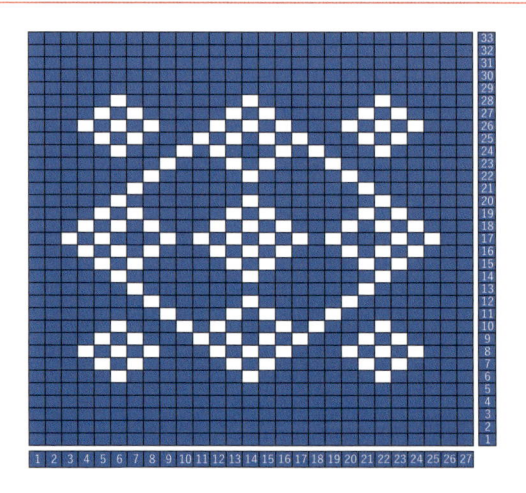

142　143

142

刺し子柄の亀甲模様をアレンジしました。
亀甲とは甲羅のことで、長寿を意味するお
めでたい柄です。

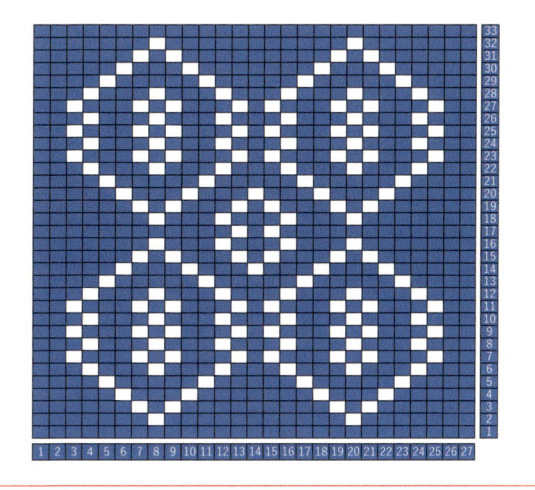

143

刺し子柄の雪霰（ゆきあられ）をアレンジしました。季節
を感じる北国らしいモチーフです。

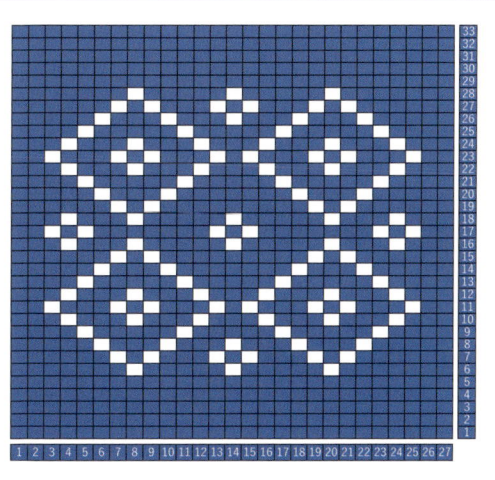

144

刺し子柄の中のうろこ柄をモチーフにしました。刺し子をテーマとしたオリジナルデザインを作ることは難しくないので、自分なりのモチーフを考えてみましょう。

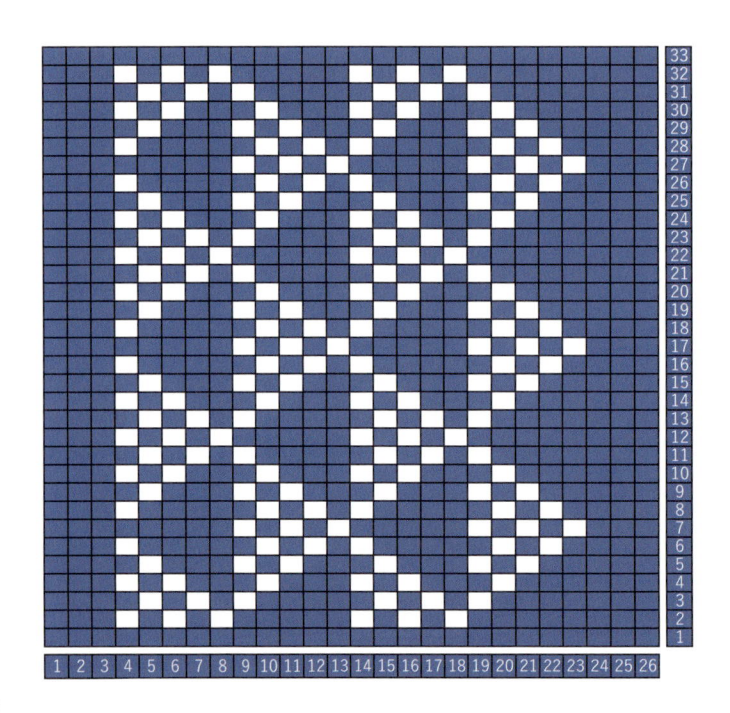

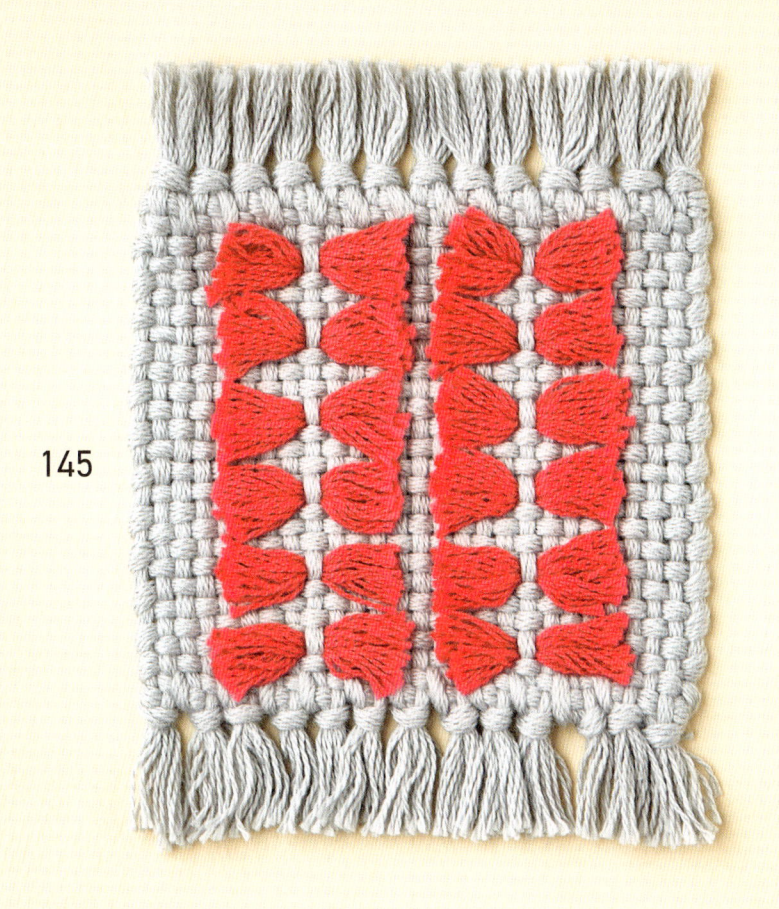

145

145 はさみ織りといっても具象柄ばかりではなく、このように柄糸を少しだけはさんでリボンのように仕上げることもできます。

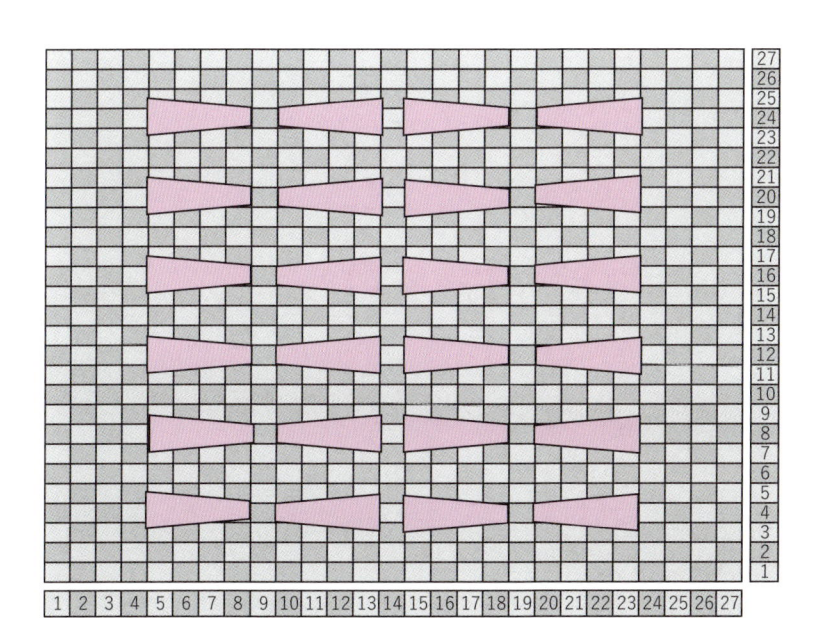

二重織り

手織りをする上で上下 2 枚の布を同時に織るのが「二重織り」です。上下 2 枚の布を同時に織るほか、広げて倍の幅に織ったり、袋状に織ったり、いろいろ応用できます。

146

146

部分的に二重織りにしたモチーフです。中央の二重織り部分だけたて糸を 2 本取りにしています。卓上織り機でも「ミニ織り」でも、部分的に二重にするのは難しいことではありません。むしろ高機のほうが手間のかかる場合があります。

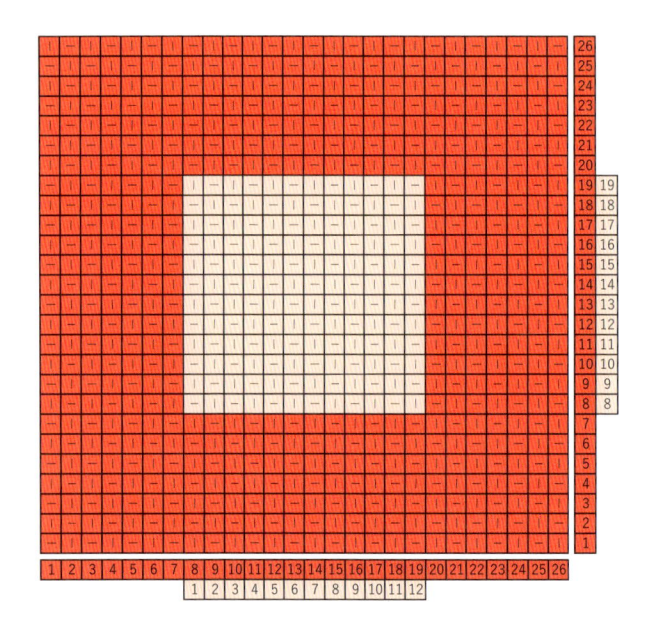

裏から見ると 2 本取りにしたたて糸が逆に表に出ています。表から見たとき、地のオレンジとグレーの差がはっきりするよう、二重織りではない部分はオレンジだけを織っています。

中央の二重織り部分の前後は平織りです。これは 2 本取りのまま平織りをしているので、2 本取りで組み合わせたもう 1 色も表面に見えています。

1 たて糸は四角い模様の入る中心部分だけ2本取りにする。

2 初めの無地部分は平織りの際に上糸のうちの地色ではない糸を落とす。その隙間にピックアップスティックを立て、地糸を通す。逆の開口のときも同じことをする。

3 四角い柄部分になったら、立てた糸を閉じて柄糸だけを拾い、中糸（青い綿糸）を通す。

4 柄部分は一度の開口で柄部分と地部分の2回織る。まず開口させ、下糸の柄糸をすくったところに地糸を入れる。

5 中糸を入れたことでたて糸が4層になっているので、柄糸の片側の開口にピックアップスティックを入れる。

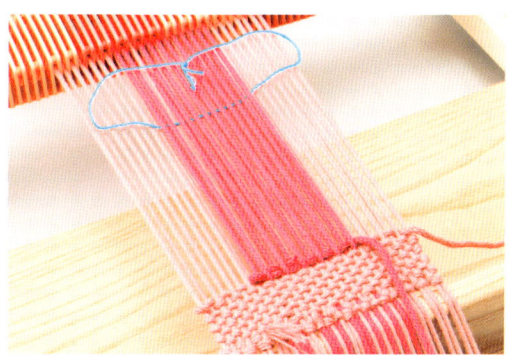

6 ピックアップスティックを入れてできた隙間に柄糸を入れて打ち込む。次に開口を変えて同じことを繰り返す。無地部分に戻るときは中糸を抜く。

147

黒と白の2本取りで、よこ糸は黒1色なので、裏面は黒1色の平織りになります。

右の写真だけではわかりませんが「袋織り」です。平織り部分は2枚の布の袋状になっています。2本取りのたて糸の上の層を右から左、下の層を左から右、つまり輪を描くように

裏

よこ糸を入れれば袋織りになります。通常の二重織りは2本取りですが、袋織りの場合は端に1本取りのたて糸を1本用意します。

147

148

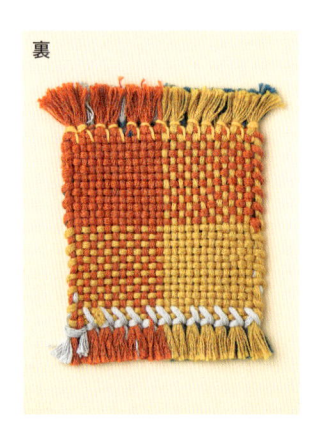

裏

チェックの袋織りです。このモチーフは黄、オレンジ、ブルー、グレーの4色を使っています。ブルーと黄、オレンジとグレーの組み合わせで2

本取りにし、端で糸をひっかけて片面のよこ糸はオレンジと黄、もう片面はブルーとグレーだけが見えるようにしています。

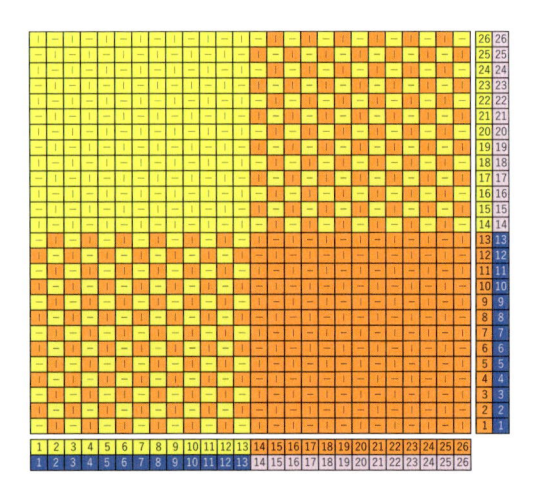

148

149

「倍幅織り」です。2本取りのたて糸の上の層を右から左、下の層を左から右としたあと、下の層を右から左、上の層を左から右、つまり横のＵの字状に織ります。

倍幅織りの織り上がったときの状態です。右側の端は2枚の布、左側の端はよこ糸が続いているので閉じている状態で、広げると上の写真のようになります。

Memo

二重織りは2本取りのたて糸なので基本的にたて糸の本数は偶数になりますが、袋織りをするときは1本プラスして奇数にします。その理由は偶数だと輪っか状に織っていくとき一周回って同じ開口になるからです。交互に異なる開口にするためプラスの1本は重要です。また、フィン織りのモチーフでもたて糸は1本多くします。

150

150

二重織りの中でも「フィン織り」あるいは「風通織り」ともいう技法です。具象柄などもできますが、ここではシンプルに四角い柄でプロセスをご紹介します。本来は多ソウコウ織り機で織る技法なので、卓上で織る場合はかなり根気が必要になります。このモチーフを応用した作品が P.190 のテーブルセンターです。

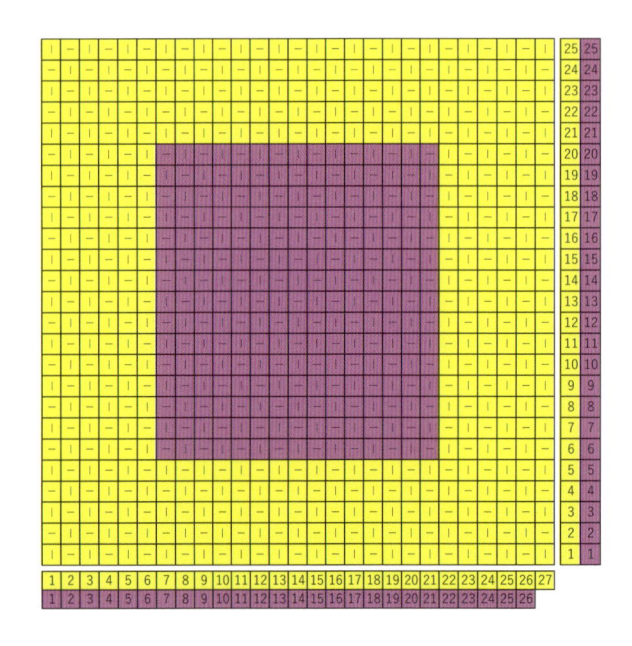

裏

1 端の1本を除いてすべて2本取りでたて糸をかけ、初めは表は黄、裏は紫で織り進む。柄部分になったら柄の境目に目印の段数リングを入れる。段数リングの外側部分は地糸、段数リングの内側部分は柄糸を拾い、中糸をはさむ。

2 すべての段で地糸と柄糸の2回織る。両側の隠れている部分の柄糸の下糸と、柄部分の柄糸の下糸の間にピックアップスティックをはさみ、柄糸を入れる。

3 打ち込んだところ。

4 今度は同じ開口で両側の地糸の下糸と柄部分の下に隠れている地糸の下糸を拾い、ピックアップスティックをはさむ。

5 地糸を通して打ち込む。

6 逆の開口にして同様に繰り返す。

第6章 その他の模様織り

151

フィン織り（風通織り）でハート柄を織りだしました。150は四角柄にしたので柄部分で中糸の位置は変えませんでしたが、ハート柄の場合は柄が変わる毎段、中糸の位置を通し直して織っていくため、より手間がかかります。

裏

152

152

この動物の肉球デザインもフィン織りです。151 同様、基本となるのは 150 で、プロセスと異なるのは、毎段中糸を拾う位置がデザインによって変わるところです。裏面で織り目を飛ばさないように注意しましょう。

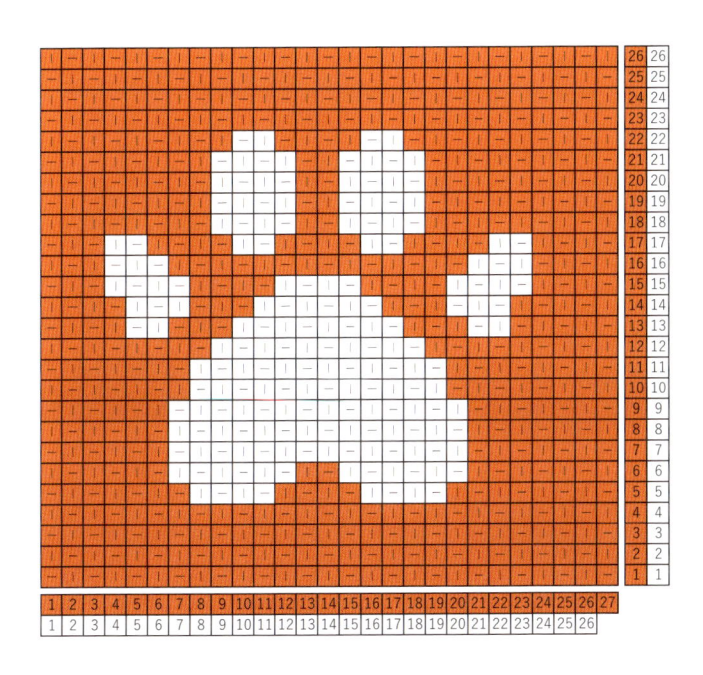

裏

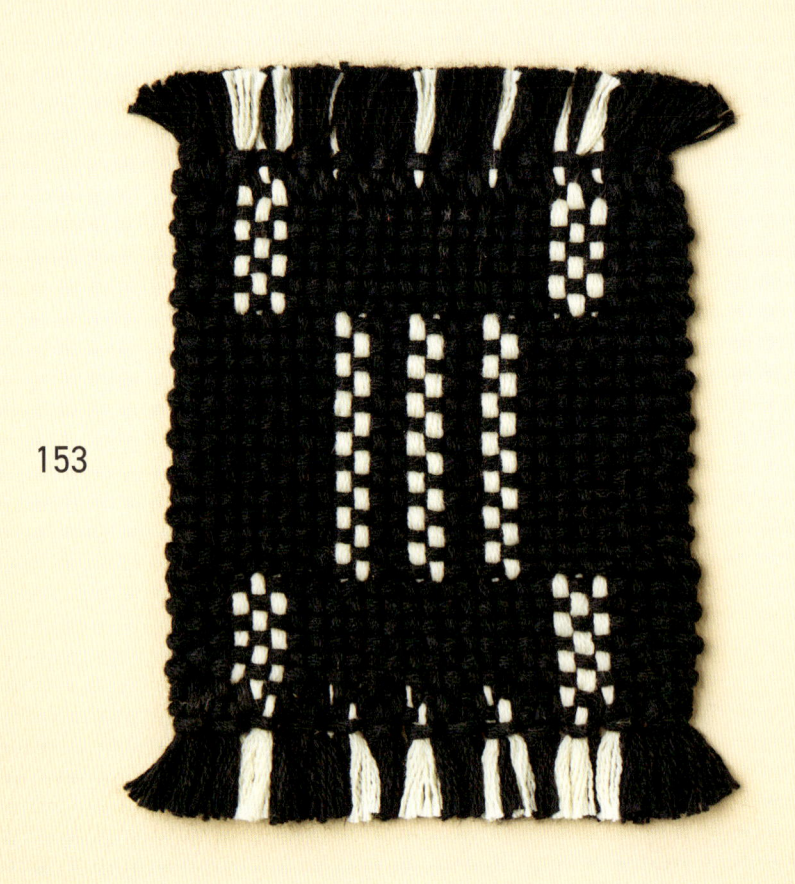

153

153

「風通絣」という技法です。二重織りの一種ですが、柄を出す部分のたて糸はこのモチーフの場合だと白と黒の2本取り。部分的に表裏の糸を入れ替えて、絣ではないけれど絣のように見せる技法です。

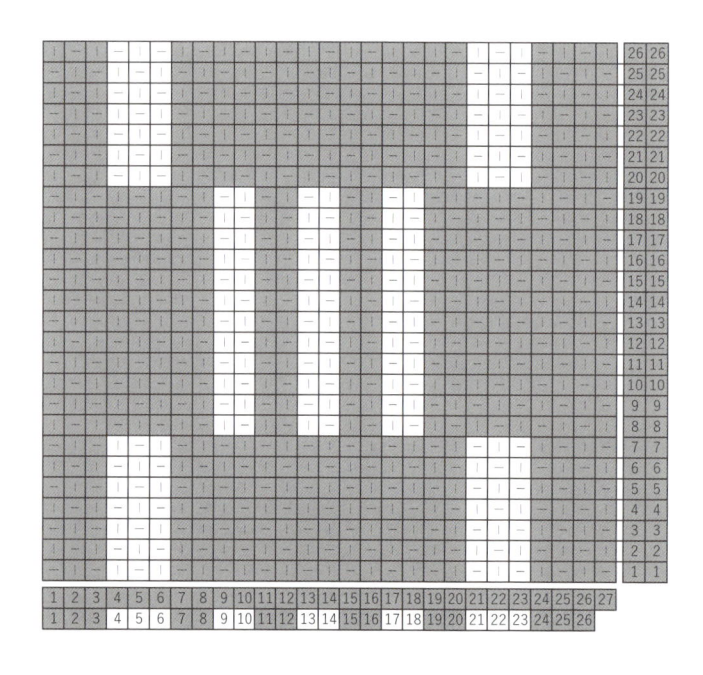

裏

サマーアンド
ウインター

「サマーアンドウインター」あるいは
「昼夜織り」という織り技法です。
布の表裏でちょうど逆の色の
出方をするため、
夏と冬、あるいは
昼と夜という名前がつきました。

154

154

サマーアンドウインターは2色の色を使って、色の出方を強調します。多ソウコウの織り機で織ることも多いのですが、拾う目安となる数字表について P.188 で詳しく説明しています。

（ 154 の織り方 ）

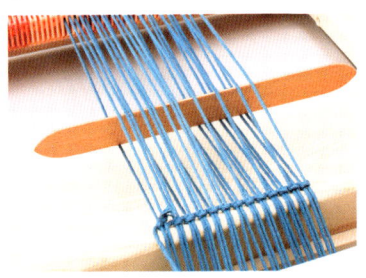

1
P.188のAパターンの織り方。数字表の①3段目に沿って、右から1本拾う・1本飛ばす……のように拾う。

2
ピックアップスティックを立てたところに柄糸となるよこ糸を入れる。

3
右端のよこ糸がたて糸の下を通る開口の平織り。

4
同じように数字表の通りにたて糸を拾って織る。

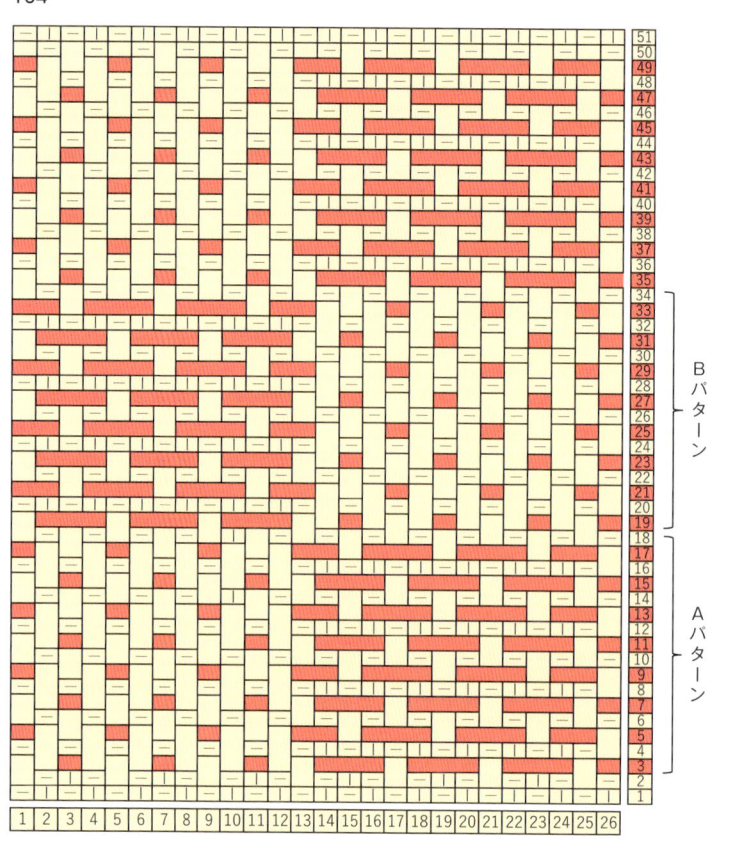

このサマーアンドウインターのモチーフは、2段目から17段目が右半分によこ糸の色が目立つパターンAと、18段目から33段目が左半分によこ糸の色が目立つパターンBから成り立っています。ヘムステッチ用に平織りを2段織ってから、数字表の①3段目を織り始めます。Aパターン、Bパターンとも4段1パターンを4回繰り返しての16段。拾う段と平織りが交互なので織りやすいでしょう。

（ 織り図から数字表を作る ）

●Aパターン　4段×4回繰り返し

④**6段目**　2段目と逆の開口の平織り

③**5段目**

1		1		1		2		3		3		2	
	3		3		3		1		1		1		1

②**4段目**　右端のよこ糸がたて糸の下を通る開口の平織り

①**3段目**

	1		1		1		3		3		3		1
2		3		3		2		1		1		1	

●Bパターン　4段×4回繰り返し

④**22段目**　2段目と逆の開口の平織り

③**21段目**

2		3		3		2		1		1		1	
	1		1		1		3		3		3		1

②**20段目**　右端のよこ糸がたて糸の下を通る開口の平織り

①**19段目**

	3		3		3		1		1		1		1
1		1		1		2		3		3		2	

155

155

サマーアンドウインターのデザイン違いで、154 と織り方は同じです。154 はたて糸、よこ糸とも極太綿糸を使っているのに対し、こちらはたて糸と平織り部分のよこ糸に並太綿糸を使いました。糸が細くなった分、詰めて打ち込めるため、色の違いもくっきりとし、柄の回数も倍に増えています。

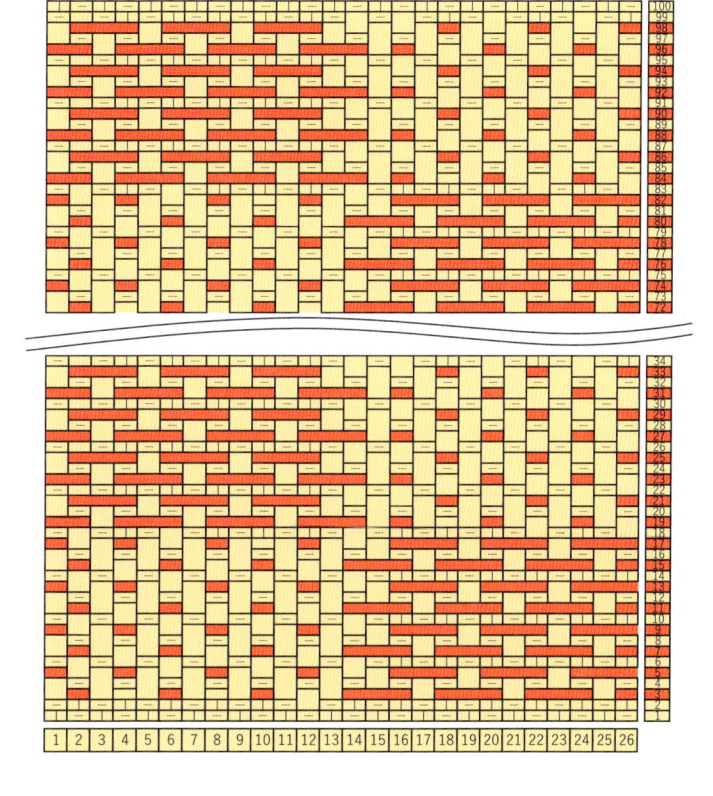

フィン織りのテーブルセンター

➡ モチーフ **No.150**（P.182）を使用

中央にスクエア模様を入れたフィン織りを8ヵ所入れました。
裏は逆の色が出て、リバーシブルで使えます。極太綿糸と並太
綿糸の2本取りにしたので、卓上織り機の30羽で織りました。

ワッフル織り

156

156 「ワッフル織り」、あるいは「蜂巣織り」と呼ばれる技法で、幾重にも重なって見える立体感のある織り地になるのがその名前の由来です。立体感の不思議さを出すために、たてよこ同色の無地で織ることが多いワッフル織りですが、異なる色の糸を加えても楽しい柄になります。

Color&Yarn Variation

マス部分の柄を強調させるために異なる色のたてよこ糸を加えました。

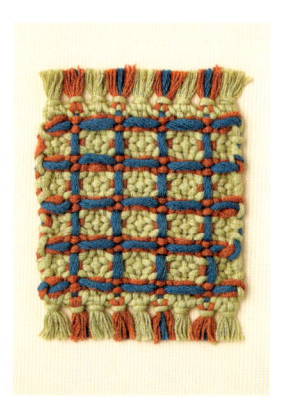

変口斜線織り
（へん　こう　しゃ　せん）

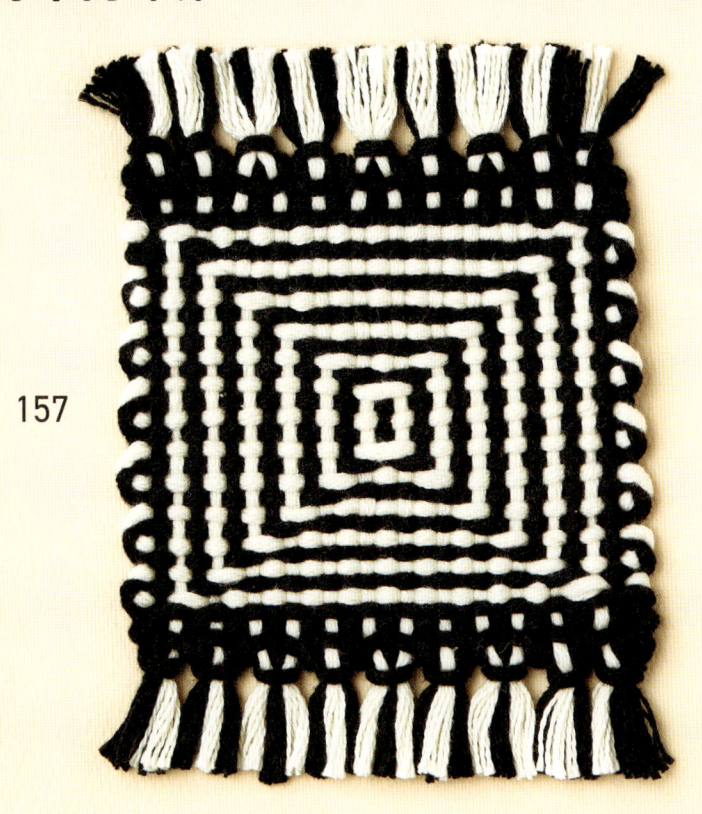

157

157　「変口斜線織り」は４枚ソウコウの織り機で織る「シャドー織り」を卓上織り機ならではの手順で模した織り方です。簡単に説明すると１本おきに２色のたて糸をかけ、よこ糸も２色の糸を１段おきに織ります。その１段の途中で開口を変えることでこのような模様が出てきます。

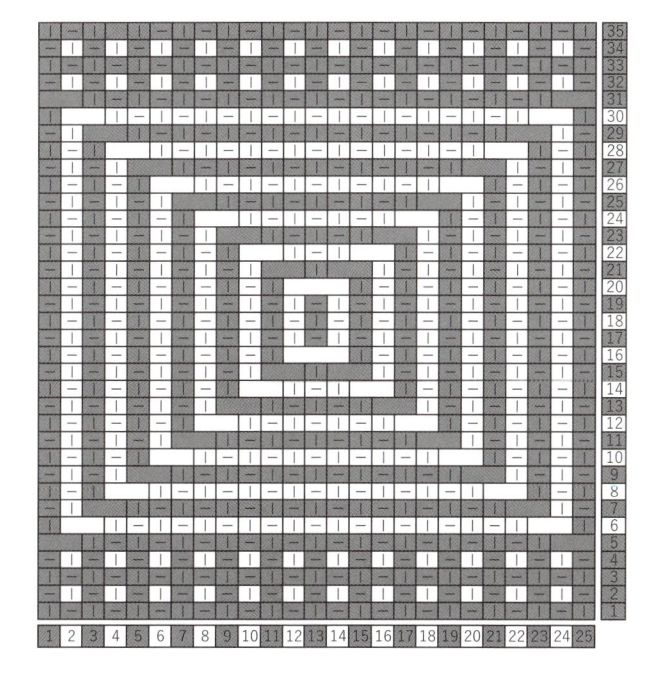

裏

裏は全く異なる柄になります。

158

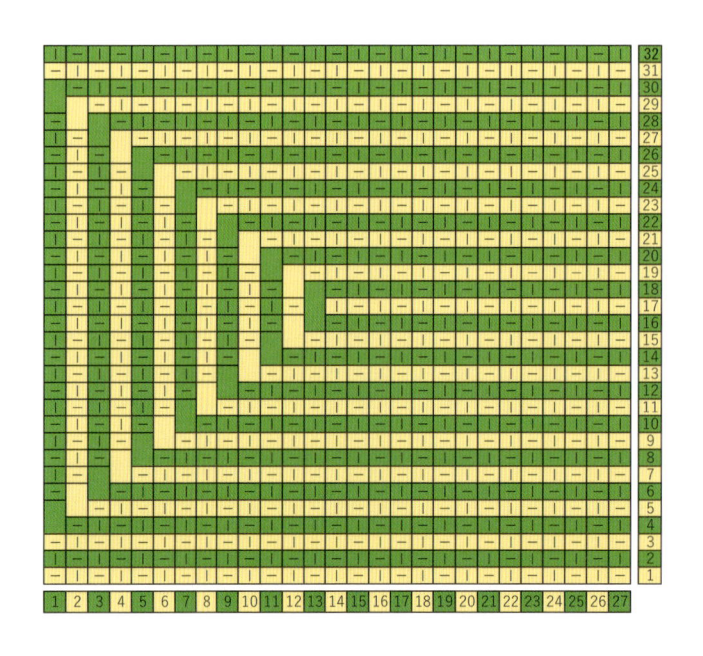

裏

158 変口斜線織りのデザイン違いのモチーフです。多ソウコウ織り機を使っても拾う、あるいは 1 段の開口の途中で踏み替えるなどの作業をしなければこの模様はできません。

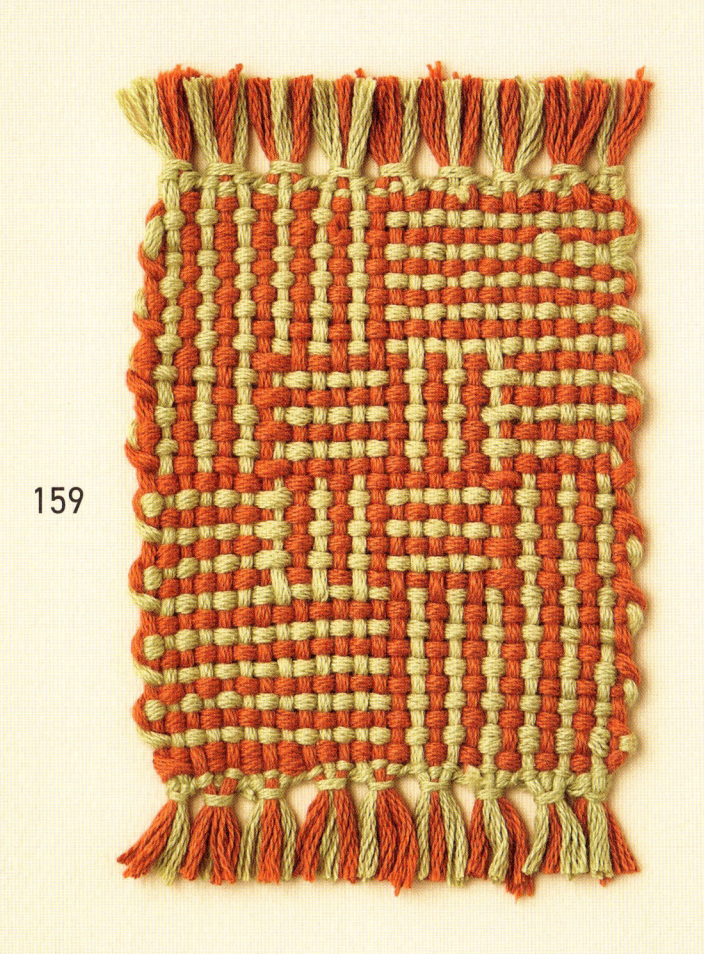

159

159 変口斜線織りのデザイン違いのモチーフです。1 段の中で開口を何度も変えれば、このような網代風の模様も織ることができます。

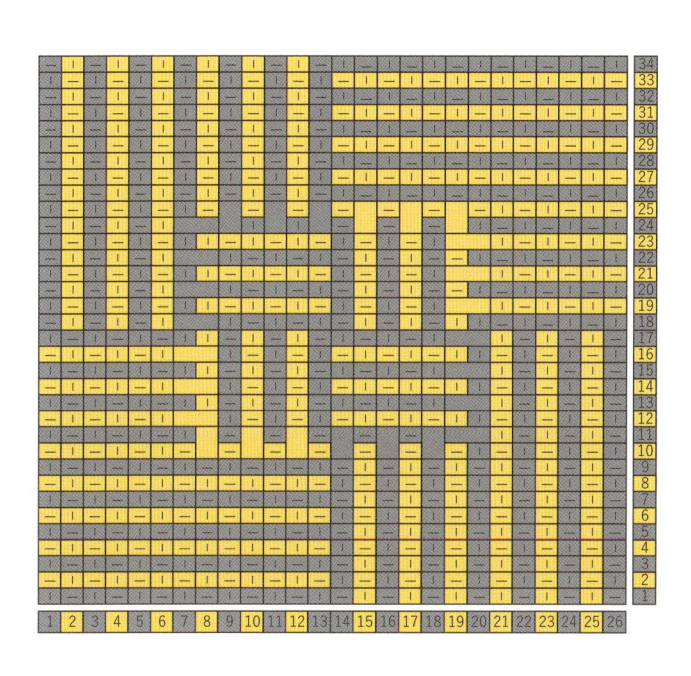

Color&Yarn Variation

スペース織り

160

160

初めから隙間ができるようたて糸をかけるので、「スペース織り」あるいは「空羽」と言います。2色のよこ糸を交互に織ると隙間に出てくる色が変わり、同じ色を2段続けて織ることで色が変わります。基本的には平織りですが、そのままではたて糸が緩んで寄ってくるので、ここでは色替えのときにたて糸の幅分で3段の平織りを加えています。3段の平織りの代わりにもじりを入れても押さえの効果があります。

Color&Yarn Variation

5本空き　5本空き　5本空き

(160 の織り方) ※空きが奇数の場合

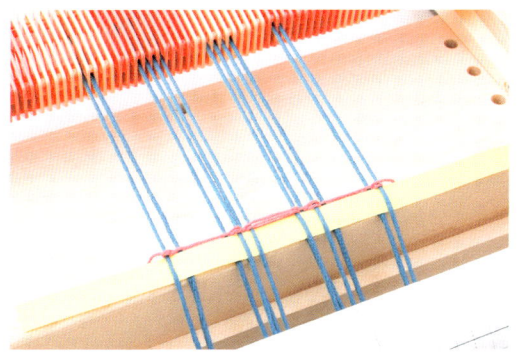

1 たて糸は2本・空き5溝・たて糸4本・空き5溝・たて糸4本・空き5溝・たて糸2本でかける。

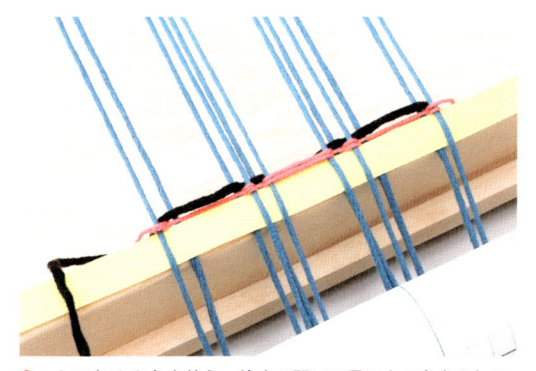

2 よこ糸は2色を使う。片方の開口で黒いよこ糸を入れる。

3 逆の開口で青いよこ糸を入れる。これを交互に繰り返すと2色のよこ糸の色がはっきり出る。

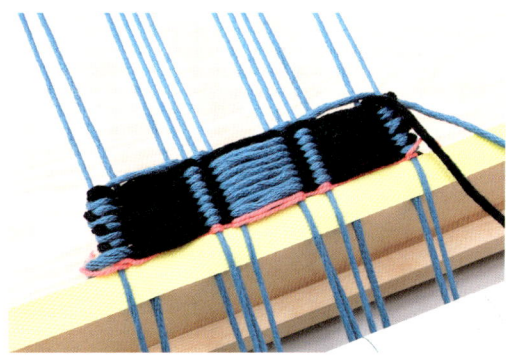

4 同じ色を続けて2段織ると色の出方が変わるが、色替えのときはそれぞれのたて糸の幅で平織りを3段加える。

161

スペース織りは空羽の本数が奇数か偶数かで柄の出方が変わります。奇数にすると 160 のように四角いブロック柄になり、偶数にすると２色のよこ糸がクロスした柄になります。

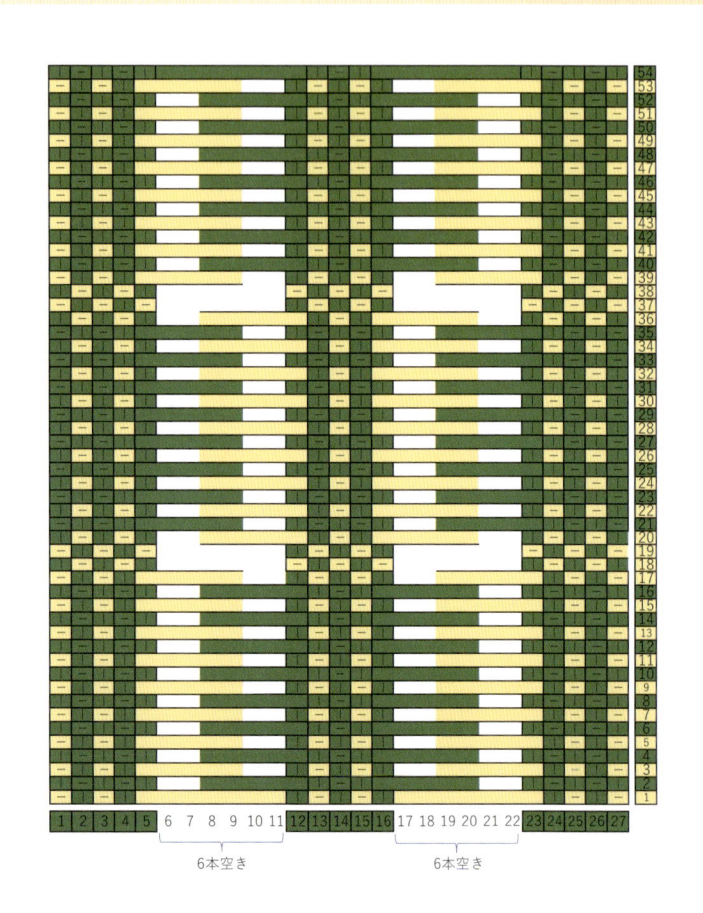

トンボ織り

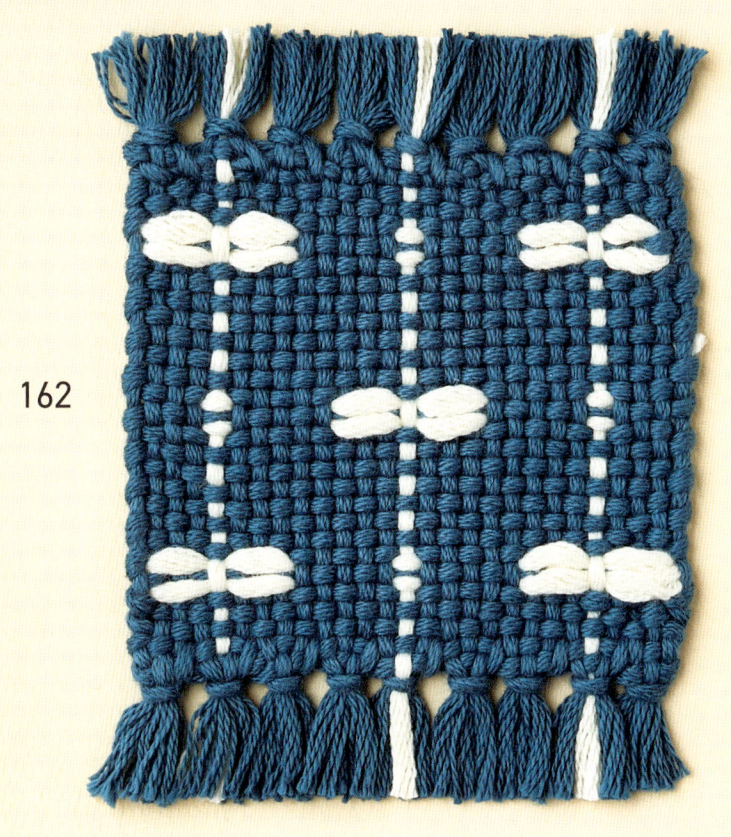

162

162

部分的によこ糸を浮き織り風に飛ばして入れることでトンボのような柄を作るのが「トンボ織り」です。これも多ソウコウ織り機でも拾わないとできない織り方です。マフラーを織るときなどワンポイントで加えられる柄なのでぜひ試してみてください。

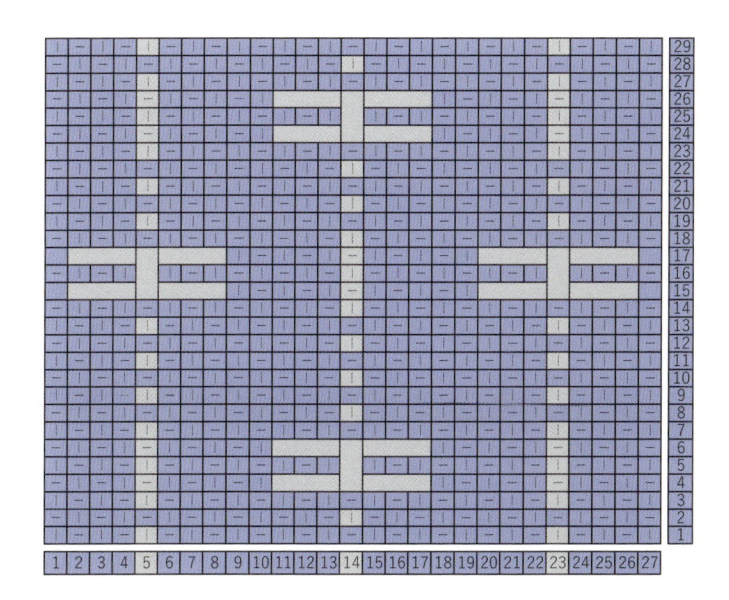

Color&Yarn Variation

花織り

163

163 「花織り」は、たての浮き織りとでも言いましょうか。浮き織りは地糸の平織りに柄となる浮き糸をよこ糸として部分的に加えていきますが、花織りはたて糸で柄が出る部分を地糸と柄糸（花糸）の２本取りでかけ、必要な時にだけ柄糸（花糸）を拾って布表に出します。

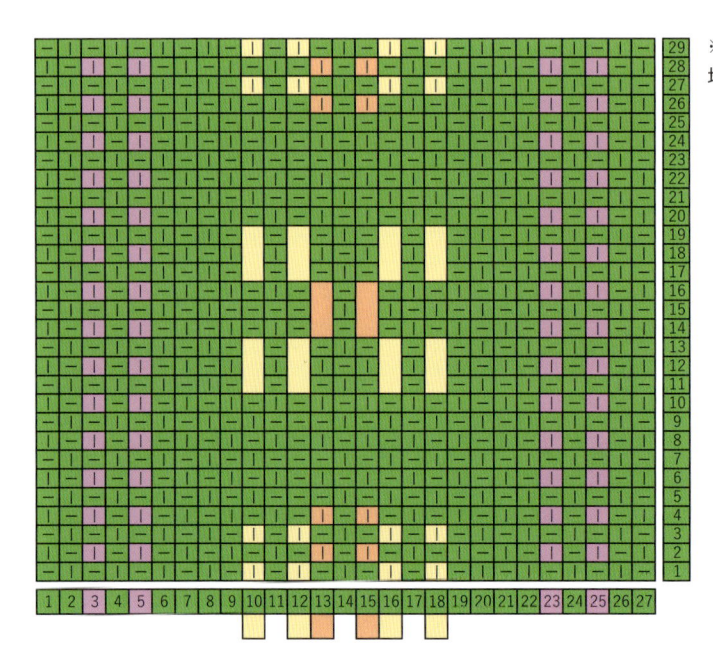

※たて糸の 10・12・13・15・16・18列は地糸と柄糸の２本取りでかける。

Color&Yarn Variation

200

1　ふつうに平織りを4段織ったところ。

2　ここから地糸だけが表に出てくるので花糸を落としながら平織りをする。開口したときに上糸になったピンクの花糸を落とした状態でピックアップスティックを入れる。

3　逆の開口にして上糸となっている緑の花糸をピックアップスティックで落とす。

4　ここからが花織り。ピンクの花糸が開口して上糸になるとき、ピンクの花糸と2本取りだった地糸を落とし、ピンクの花糸だけが見える状態で織る。

5　緑の花糸が上糸になる開口のときは緑を落とし、ピンクを拾い、ピンクの花糸を目立たせる。

6　次は緑の花糸を浮かせる番。開口を変えて、緑の花糸が上にくるようにする。

キャンバス織り

164

164

「キャンバス織り」は「模紗織り」（ハックレース。P.76 参照）の一種です。本来のもじり織りは指などでたて糸を絡めて隙間（透かし柄）を作りますが、模紗織りはたて糸のかけ方やよこ糸の拾い方で織り地に隙間を作ります。太い綿糸を使ったため、その隙間は目立ちませんが、楽しいできあがりのモチーフです。

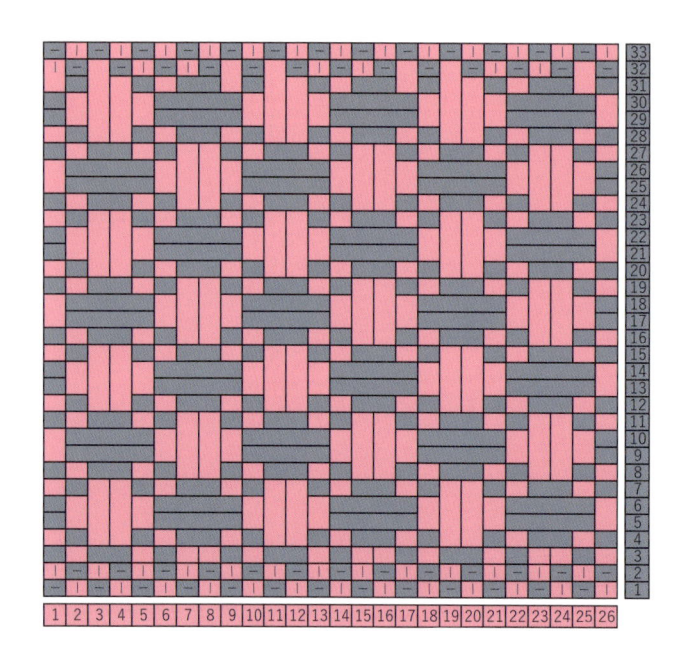

スキップ織り

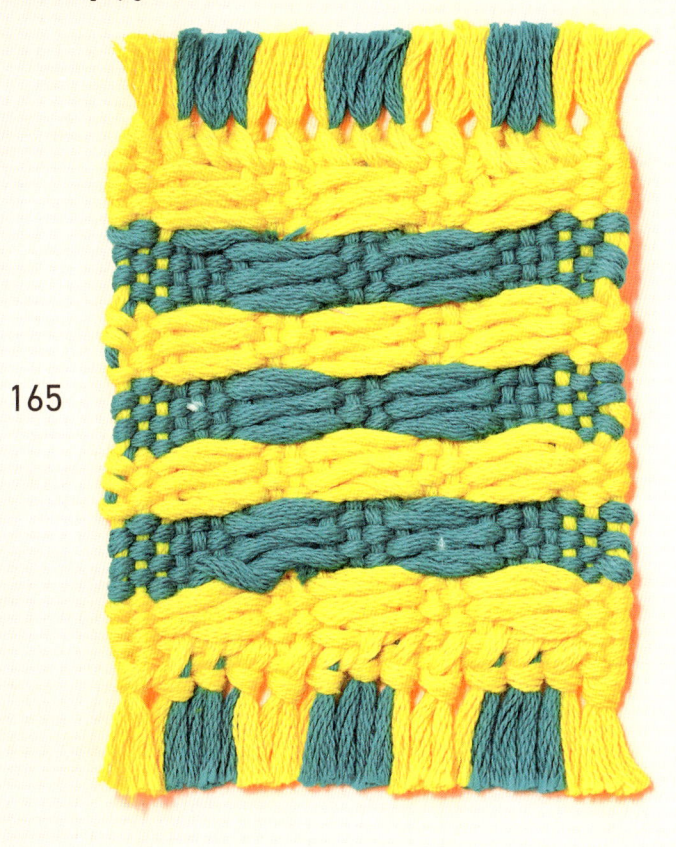

165

165

「スキップ織り」はその名の通り、たて糸をスキップするように飛ばしていく織り方です。このモチーフでは、たて糸は目印になるよう4本ずつの縞（両端3本）にしました。平織りの開口をしながら上糸を4本ずつ飛ばします。両端の縞は飛ばすとよこ糸が浮くので2列ずつ平織り用のたて糸をプラスするのがポイントです。

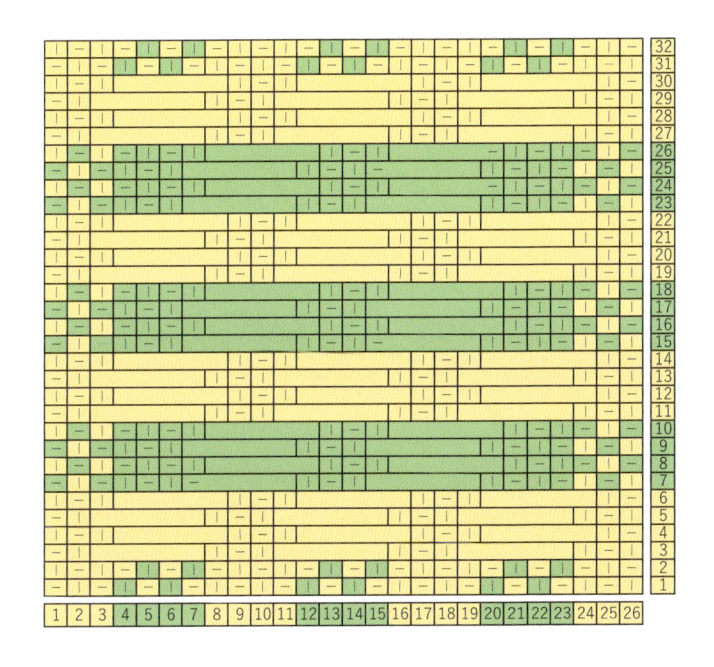

裏

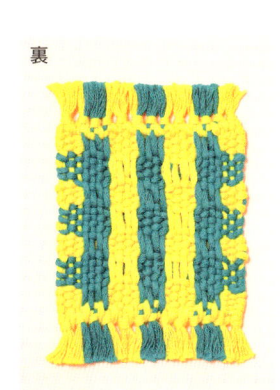

メガネ織り

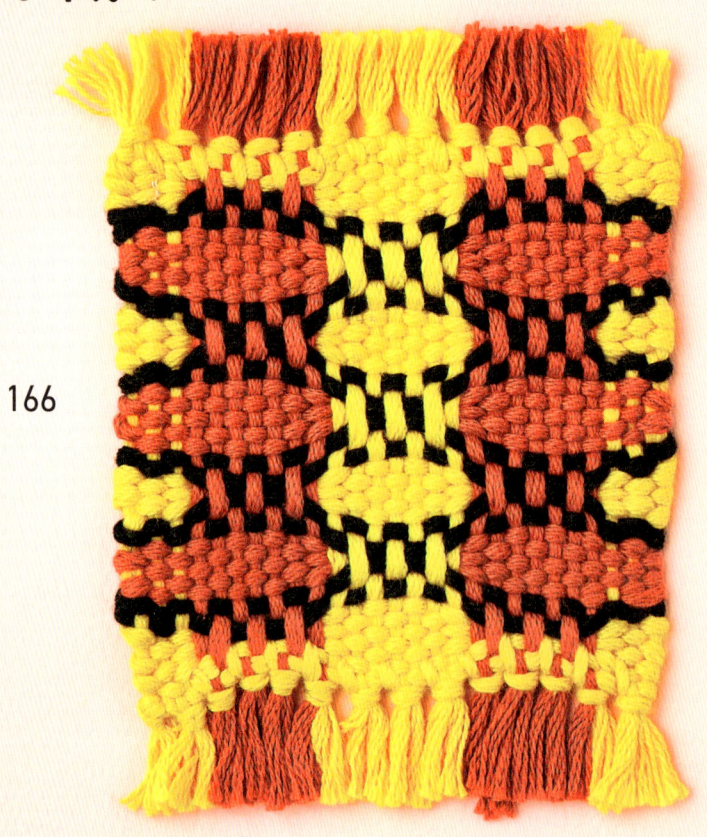

166

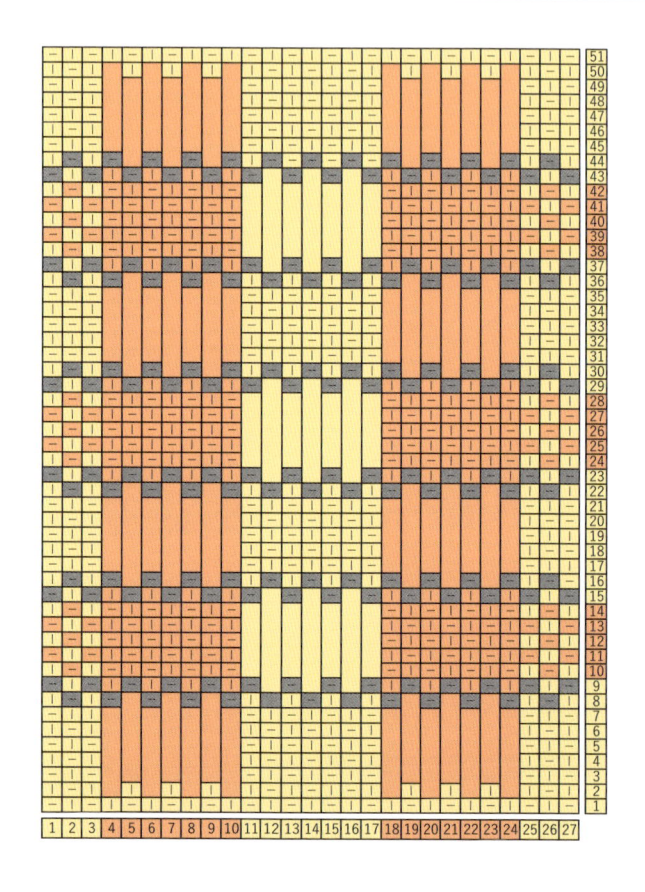

166

「メガネ織り」はハチの巣にも似ていることから「蜂巣織り」「ハニーカム（ハニカム）」とも呼ばれます。このモチーフでは、たて糸とよこ糸で数段おきに浮かす部位を作ります。織っているときは四角いブロックですが、織り機からはずすと糸が寄って丸いメガネのような形になります。

Color&Yarn Variation

吉野織り

167

167

「吉野織り」は別名「M's&O's（エムズアンドオーズ）」とも呼びます。平織りと畝織りの組み合わせでできており、部分的に飛んだよこ糸で四角い柄ができます。吉野織りには「たて吉野」「よこ吉野」「たてよこ吉野」の３種類がありますが、ここでは一番わかりやすいよこ吉野織りでモチーフを作りました。スキップ織り（P.203）と同様、このようによこ糸が飛ぶ織り地は両端のたて糸を平織りにします。

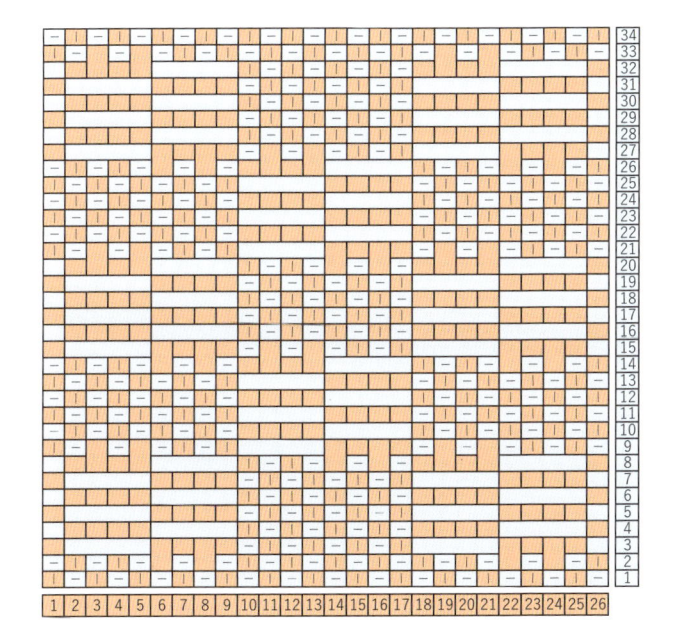

Color&Yarn Variation

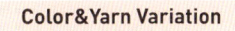

レンガ織り

168

168

別名「ダニッシュメダリオン」とも呼ばれる「レンガ織り」は、かぎ針を使って織り地の表面に柄を加えていく技法です。柄の入れる位置に関して特に決まりはありません。これは一番基本的なレンガ織りのモチーフ。地糸の平織りの段数は同じ開口になるよう奇数段にします。

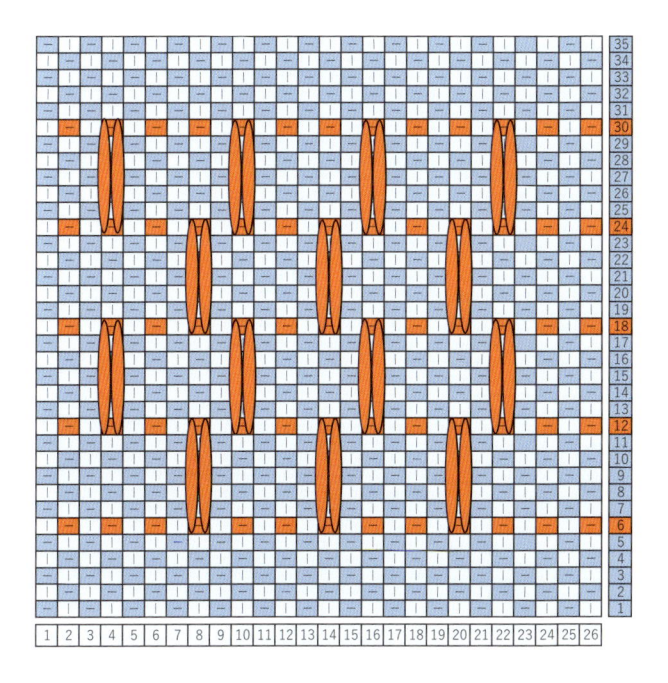

（ 168 の織り方 ）

1 柄糸を1段織ってから、ここで地糸の平織りを5段入れる。柄にするところにかぎ針を差し込む。

2 かぎ針で柄糸を引き抜いて輪を作る。

3 輪の中に柄糸を通す。

4 開口近くで締めて、またよこ糸として通す。

169

レンガ織りでツリーの形に柄を入れました。ひとつの柄につき、3ヵ所からかぎ針を通し、三角の柄を作って積み重ねていきます。

コイリング・ラーヌ織りの小物入れ

➡ モチーフ **No.29** (P.59)、**No.68** (P.96)、**No.70・71** (P.98) を使用

房をつけずに織ったコースターサイズのモチーフは、四辺の中央をつまんで留めればあっ
という間に小物入れに。形にしたときの柄の見え方も考えて、模様を入れてみましょう。

積み木柄の裂き織りマット

➡ **モチーフ No.118** (P.146) を使用

紺色のキャンブリック地の布を裂いてよこ糸にしました。たて糸は並太綿糸の紺とベージュを使い、30羽で織っています。次ページの矢羽柄の裂き織りトートバッグと同じサイズ、こちらはそのままマットですが、バッグなどに仕立ててもよいでしょう。

矢羽柄の裂き織りトートバッグ

➡ モチーフ **No.103** (P.130) を使用

黄色いキャンブリック地の布を裂いてよこ糸にしました。たて糸は並太綿糸の黄色と紺を使い
30羽で織りました。バッグに仕立てたときのマチ部分を考慮して、両側を無地の平織りにし
ています。多ソウコウの織り機では幅分総柄になるため、拾ったからこそできるデザインです。

引き返し織り

170

170

「引き返し織り」には、「たて引き返し織り」「よこ引き返し織り」「たてよこ引き返し織り」の3種類があります。まずは簡単なよこ引き返し織りから始めましょう。一度の開口で2色のよこ糸を両方向から入れる方法です。2色のよこ糸は絡める方法と、ただ引き返す方法がありますが、ここでは毎段引き返す位置を変えているのでよこ糸を絡めません。

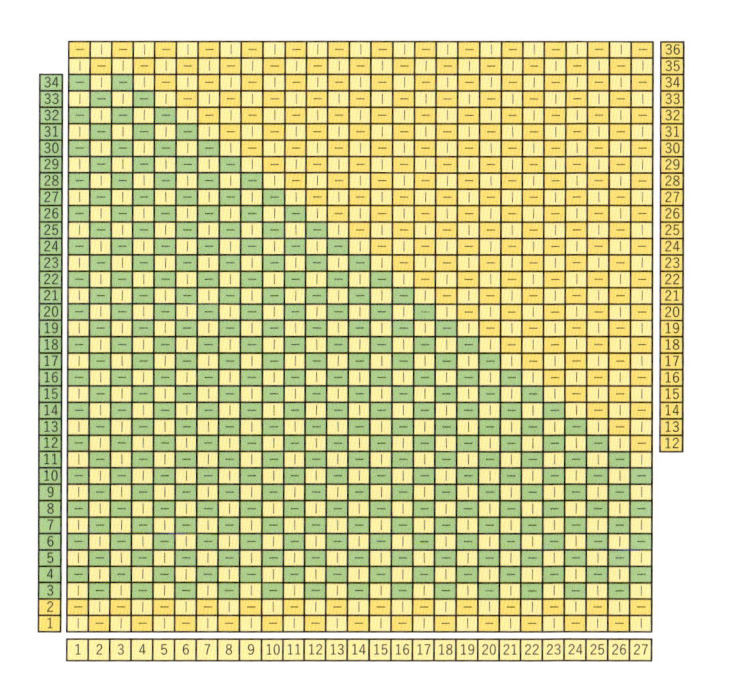

Color&Yarn Variation

(170 の織り方)

1 両端から2色の糸をそれぞれ入れる。

2 開口を変えて、戻る状態でそれぞれのよこ糸を入れる。

3 引き返す位置をたて糸1本ずつずらしていく。

171

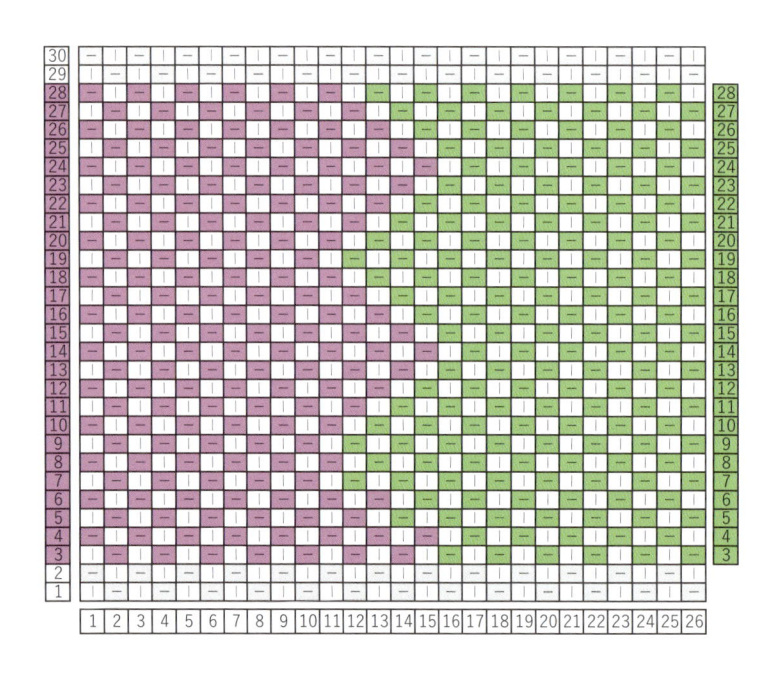

171

170 では毎段引き返すたて糸を1本ずつ変えましたが、このようにその線をジグザグにしてもおもしろい柄ができます。

Color&Yarn Variation

172

173

172

よこ引き返し織りで、横縞風の模様に。引き返す位置によってさまざまな模様ができます。

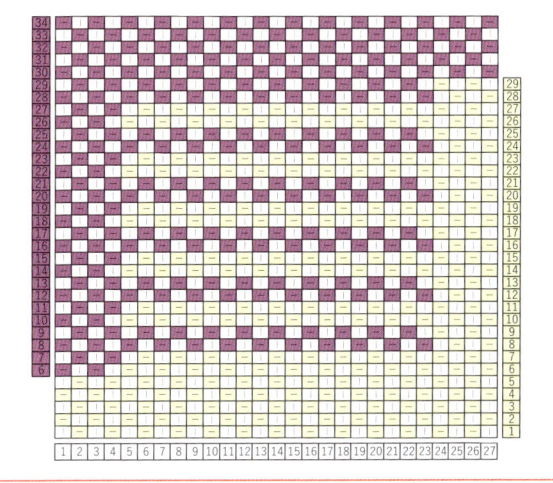

173

よこ引き返し織りで菱形を描いたモチーフ。よこ引き返し織りのデザインは色々と広がります。

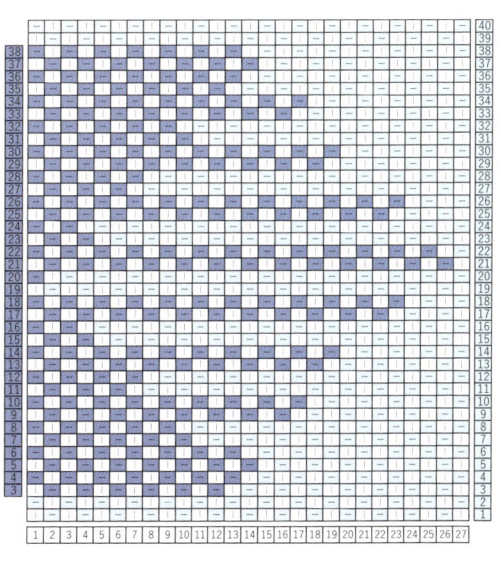

174

174

たて糸に2色の糸を使うたて引き返し織り。たて糸は往復で2本取りです。そのため織り図のたて糸の本数は26本ですが、実際は倍の52本です。たて糸をかけるのにひと手間かかりますが、一度かけてしまえばあとはサクサク平織りでできます。

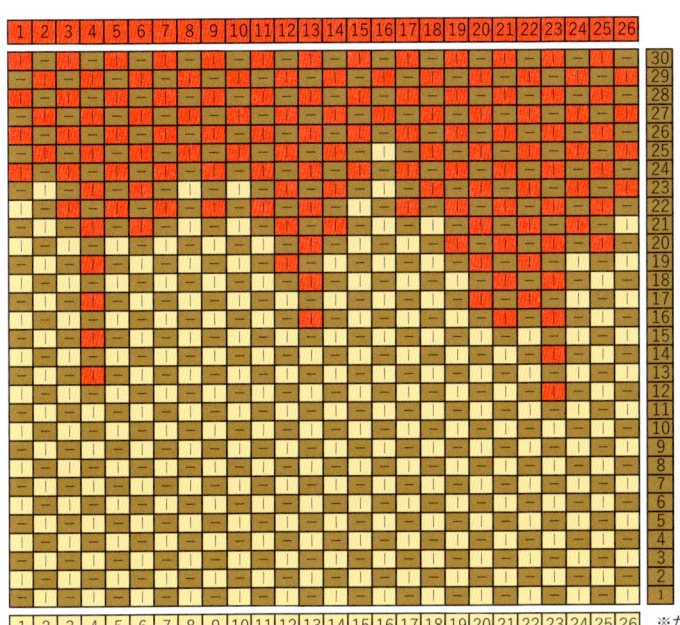

※たて糸は2本取り

(174 の織り方)

1 2色のたて糸をそれぞれ両端に結び、中間点で互いの糸を絡めて戻る。

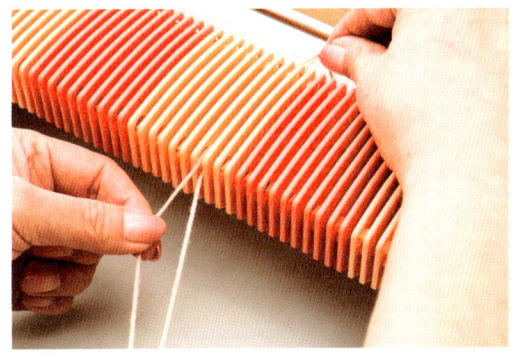

2 戻したたて糸は同じ溝に入れる。この織り方でのたて糸は2本取りになる。

3 同じ場所ではなく少しずらしてひっかけるとランダムな模様になる。

175

175

このモチーフもたて引き返し織りなので基本的なプロセスは 174 と同じです。174 がランダムな位置での引き返し織りなのに対して、こちらは引き返す高さを揃えているのが特徴です。また、174 同様、たて糸は 2 本取りなので実際には 54 本です。

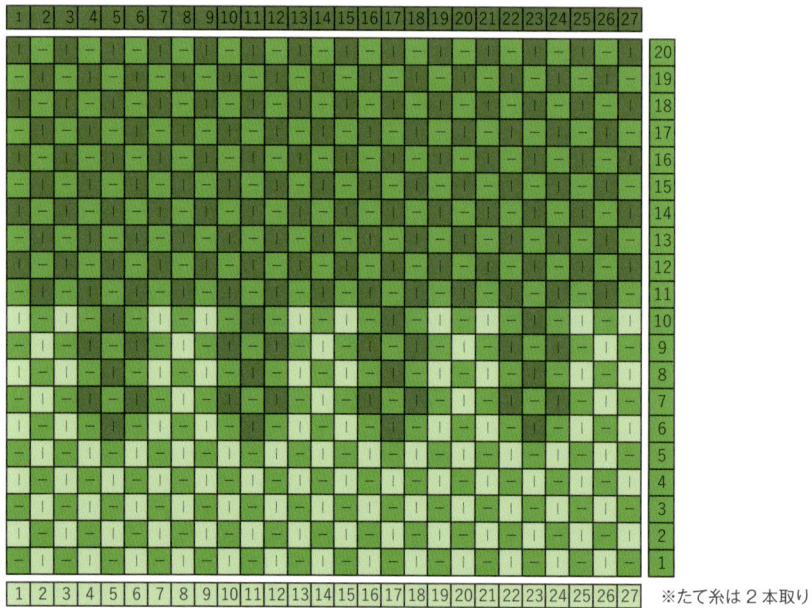

※たて糸は 2 本取り

モンクス
ベルト織り

176

176

「モンクスベルト織り」は浮き織りと平織りで
1段が成り立っています。大きく飛んだ浮き
糸を平織りを入れることで安定させて、タビー
糸のような役目を担っています。モンクスベ
ルトは基本的に市松模様デザイン。本書では
基本的に同じ種類の糸で織っているため、こ
のモチーフもた
てよことも太綿
糸を使っていま
すが、たて糸と
よこ糸で太さや
素材を変えて織
るのも楽しいで
しょう。

Color&Yarn Variation

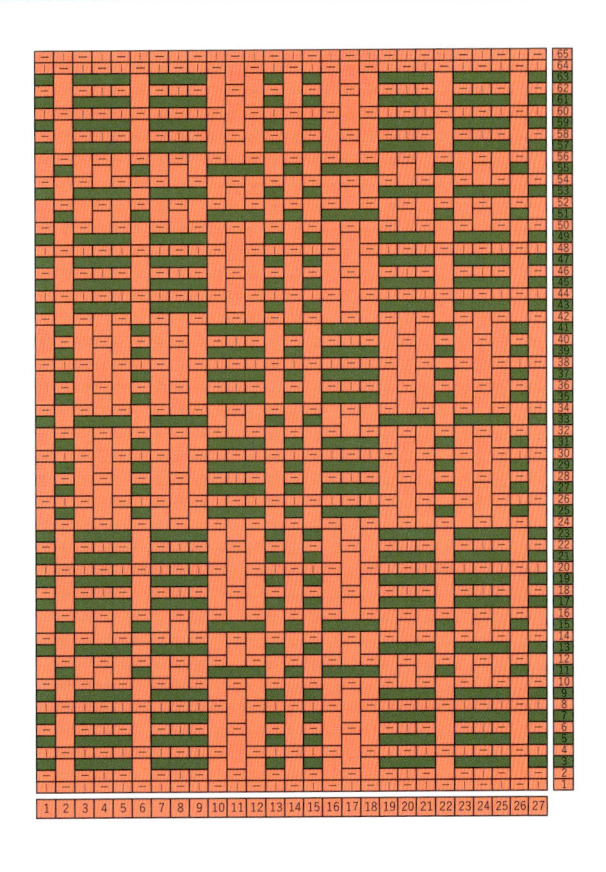

ウインドミル

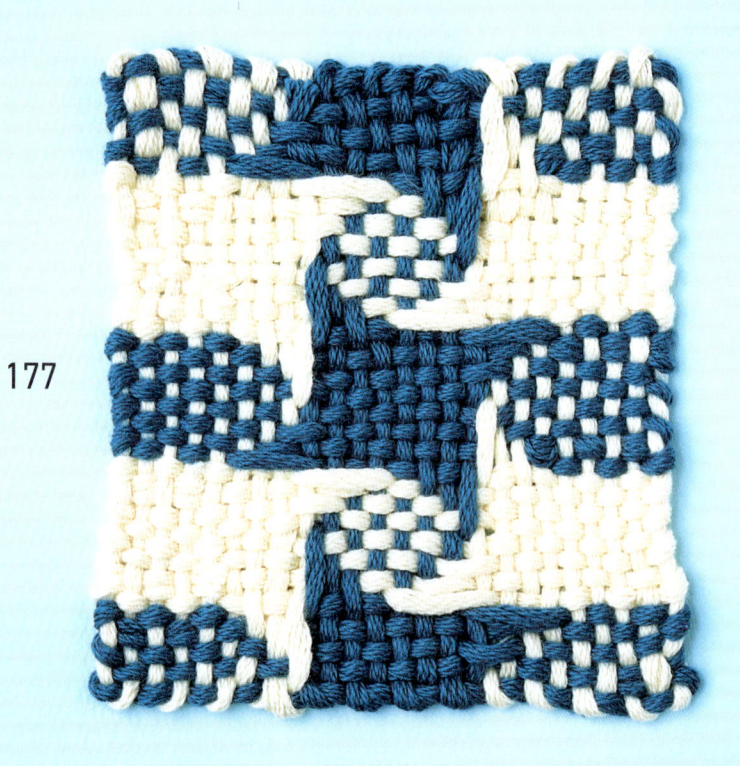

177

177

浮き糸の本数を変化させることで、風を受
けて回る風車のような変化模様ができるの
が「ウインドミル」。このモチーフは一番大
きな柄の風車柄です。本来は平織りの格子
模様のところを、格子の角を1本1段分ず
つずらしていくことでこの柄になります。

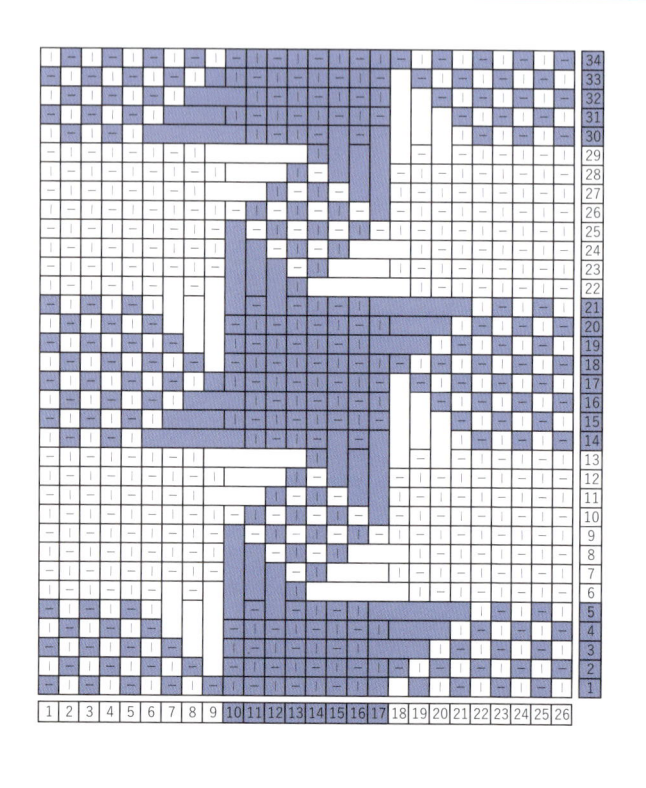

178

178

177 と同様、もともとは格子柄だったデザインの格子の角を 1 本ずつずらして成り立たせたウインドミルです。177 のような大柄は拾い間違えやすいので、このサイズから始めるといいでしょう。

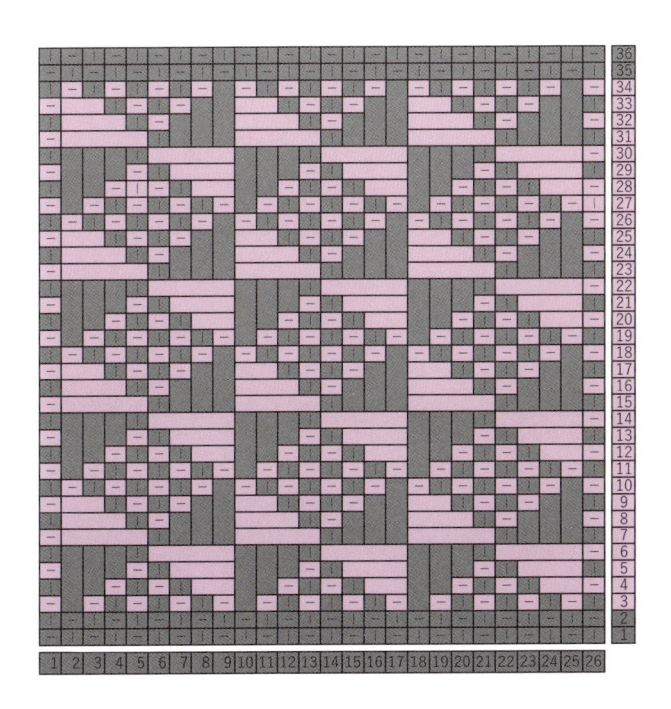

Color&Yarn Variation

179

179 菱形の中にウインドミル柄を収めました。始めは迷いますが、織り進めるとパターンが
見えてくる色のコントラストが楽しいモチーフです。

180

180

179 と同様、菱形の中にウインドミルを入れました。このモチーフは、からし色とターコイズグリーンの2色を使っていますが、もう少しメリハリのある色を選べば柄がはっきり出るでしょう。

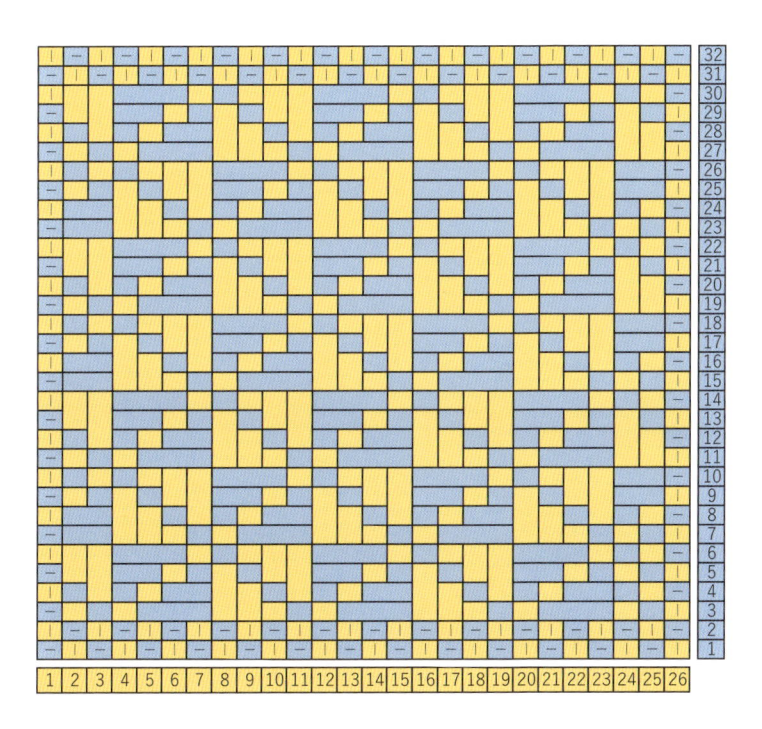

181

182

181·182·183

小さなウインドミルの配置や拾い方を少しずつ変化させた3点のモチーフです。
どれも織ってみると表情に違いがあります。

181

182

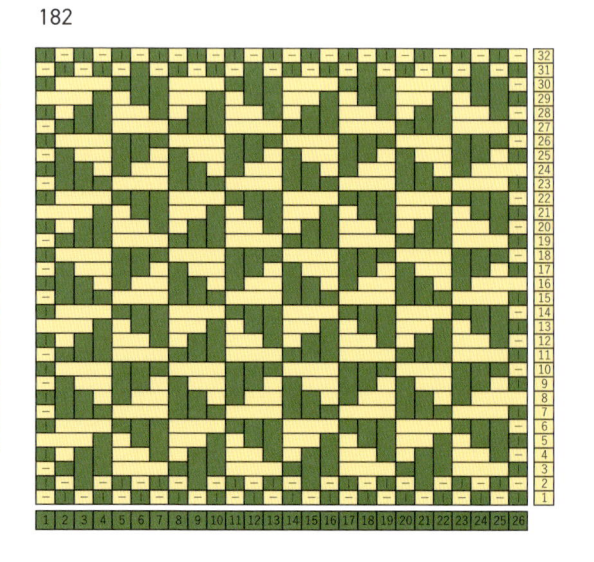

183

183

トウモロコシの皮

184

184

トウモロコシの皮をよこ糸素材にしました。マーケットで売られている食用のトウモロコシの皮です。カビが生えるのでよく乾燥させてから使いましょう。乾燥すると自然と生成り色になります。

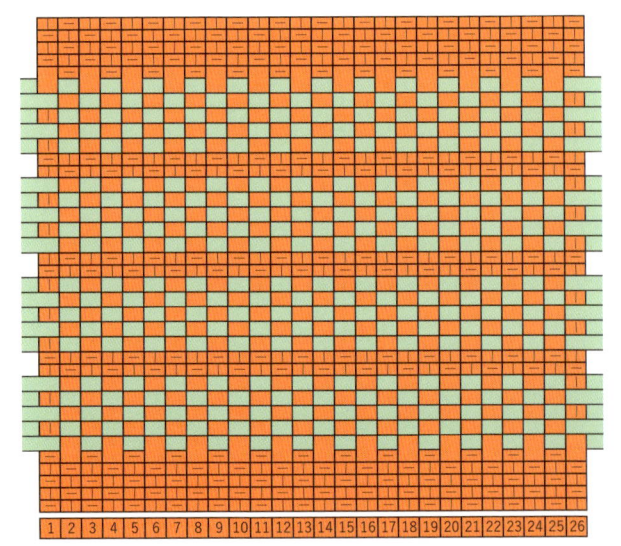

たて糸：並太綿糸
よこ糸：並太綿糸、トウモロコシの皮
※トウモロコシの皮を織り込むと両端のたて糸が緩むので、数段ごとに平織りを入れてたて糸を安定させるとよい。

手織りの素材は必ずしも糸や裂いた布とは限りません。
たて糸は張った状態になるため材料は限られますが、よこ糸素材は無限大。
さまざまなものを織り込んでみました。

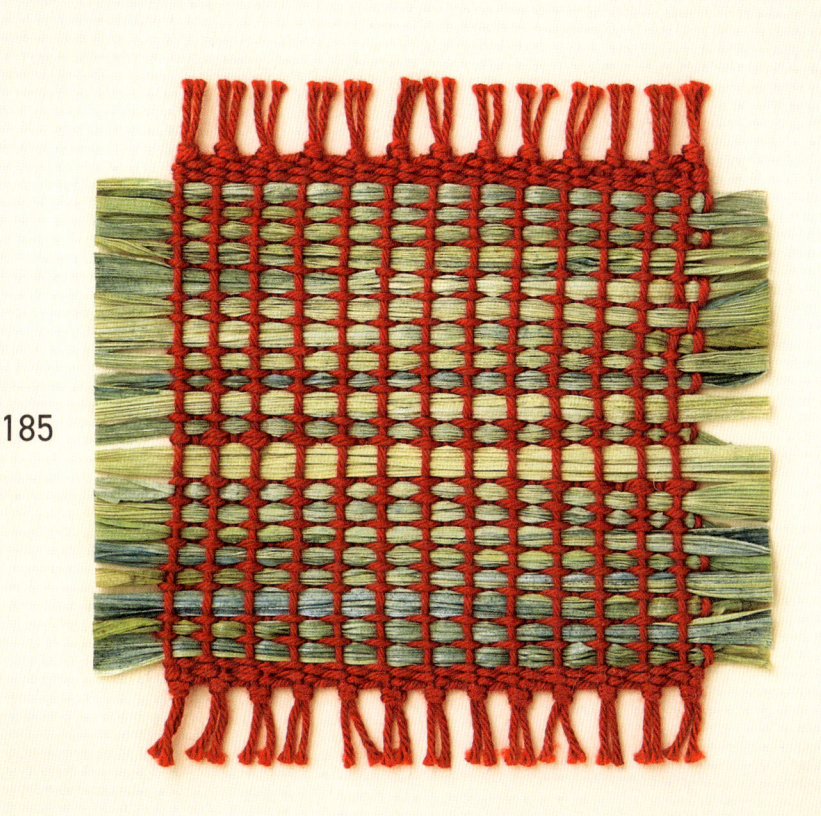

185

185

184 と同じトウモロコシの皮ですが、軽く藍染めをして使いました。トウモロコシの皮は玉ねぎの皮と一緒に煮ると黄色になるなどよく染まるので、いろいろ試してみてください。

たて糸：並太綿糸
よこ糸：並太綿糸、トウモロコシの皮
※織り始めと織り終わりはヘムステッチ。トウモロコシの皮と糸を交互に入れて平織り。

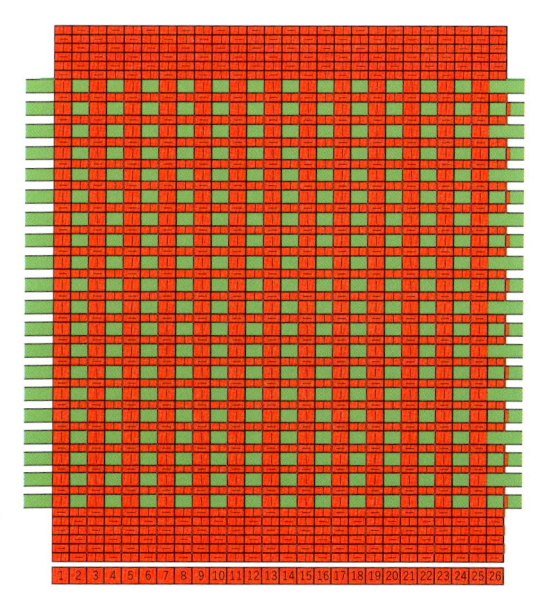

ラフィア

186

187

186

ラフィア椰子の葉からとられた
天然素材、ラフィアファイバー
をよこ糸にしました。ラッピン
グなどに使われるのでラッピン
グコーナーに行くと手に入りま
す。幅広なので細く裂き、軽く
湿らすと柔らかくなるので織り
やすいでしょう。

たて糸：並太綿糸　よこ糸：ラフィア

187

ラフィアはさまざまな色に染め
られて販売されています。こ
こではブラウンのラフィアを使
い、途中にたて糸2本ずつの
平織りを7段入れました。

たて糸：並太綿糸　よこ糸：ラフィア

ラフィア＋ドライフラワー

188

189

188

よこ糸にラフィアとドライフラワーを織り込みました。このようなモチーフはコースターにするなどの実用性はありませんが、額装して飾るとかわいいでしょう。

| 1 | 2 | 3 | 4 | 5 | 6 | 7 | 8 | 9 | 10 | 11 | 12 | 13 | 14 | 15 | 16 | 17 | 18 | 19 | 20 | 21 | 22 | 23 | 24 | 25 | 26 |

たて糸：並太綿糸　よこ糸：ラフィア、ドライフラワー
※ラフィアははさみ織り

189

188 と同じ、ラフィアとドライフラワーの組み合わせです。ドライフラワーはラフィアと同じ開口に、はさみ込むように入れています。

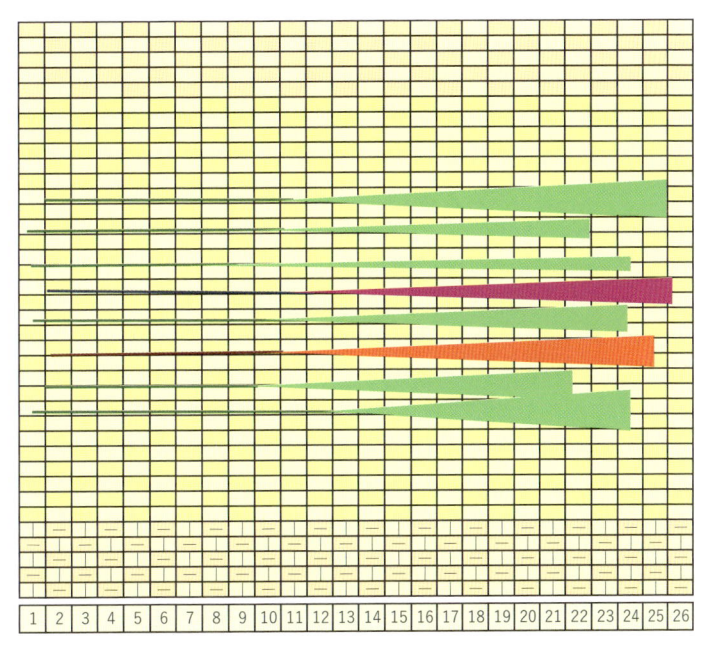

| 1 | 2 | 3 | 4 | 5 | 6 | 7 | 8 | 9 | 10 | 11 | 12 | 13 | 14 | 15 | 16 | 17 | 18 | 19 | 20 | 21 | 22 | 23 | 24 | 25 | 26 |

たて糸：並太綿糸　よこ糸：ラフィア、ドライフラワー
※ドライフラワーははさみ織り、間にラフィアの平織りを入れる。
※ドライフラワーはたて糸の左から 10 本目まではさみ、葉っぱは引き出す。

ラフィア+ドライフラワー

190

190

188、189 と同じ、ラフィアとドライフ
ラワーの組み合わせです。ドライフ
ラワーを織り込む場合は地のよこ糸も
ラフィアのような自然素材を選ぶとよ
いでしょう。

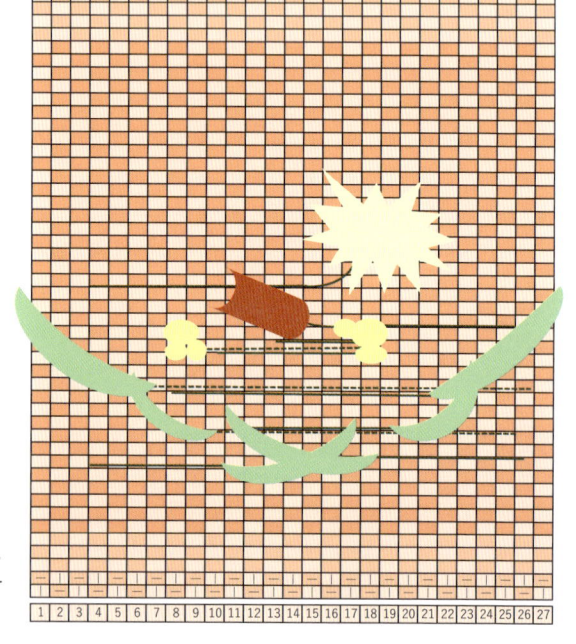

たて糸：並太綿糸
よこ糸：ラフィア、ドライフラワー、並太綿糸
※ドライフラワーははさみ織り、間に平織りを入れる。
※ドライフラワーは左右から入れる。ドライフラワー
の配置をあらかじめデザインしておくとよい。

| 1 | 2 | 3 | 4 | 5 | 6 | 7 | 8 | 9 | 10 | 11 | 12 | 13 | 14 | 15 | 16 | 17 | 18 | 19 | 20 | 21 | 22 | 23 | 24 | 25 | 26 | 27 |

竹

191

191

竹ひごをよこ糸素材として使いました。素材としては固いのではさむだけです。竹ひごはDIYショップのほか、手芸店やプラモデル店等で購入できます。

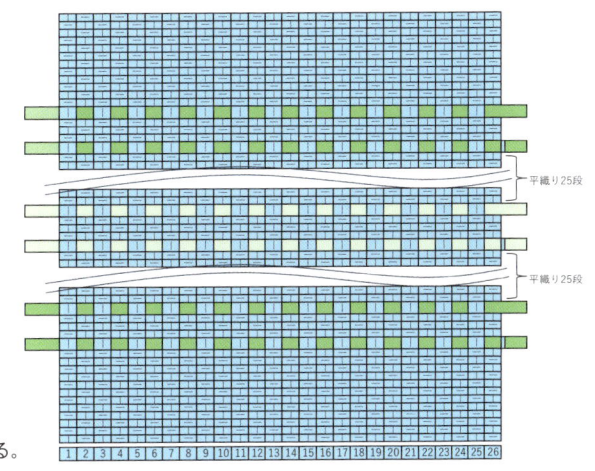

平織り25段

平織り25段

たて糸：並太綿糸
よこ糸：並太綿糸、竹ひご
※竹ひごと竹ひごの間に糸の平織りが3段入る。

192

191と同様に、竹ひごを入れたモチーフです。竹ひごはちょっとしたことで抜けてしまうので、竹ひごを1本よこ糸として入れたら、何段かよこ糸として平織りを入れるのがポイントです。

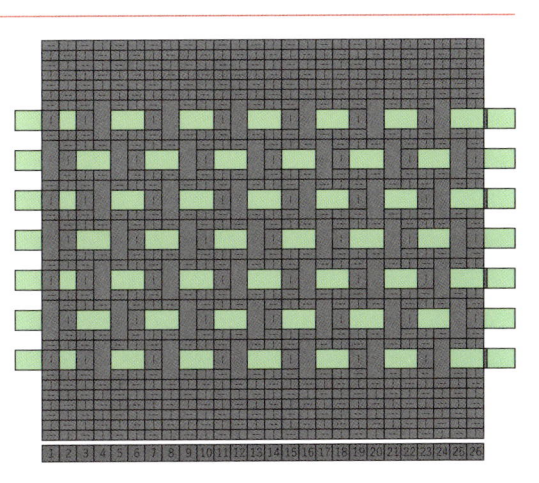

たて糸：極太綿糸
よこ糸：極太綿糸、竹ひご
※竹ひごはたて糸2本ずつの平織り。竹ひごと竹ひごの間に糸の平織りが2段入る。

フェイクレザー

193

194

193 手芸用として各種フェイクレザーが市販されています。ここでよこ糸として使っているのもフェイクレザーですが、もちろん本物の革を織り込んでも構いません。

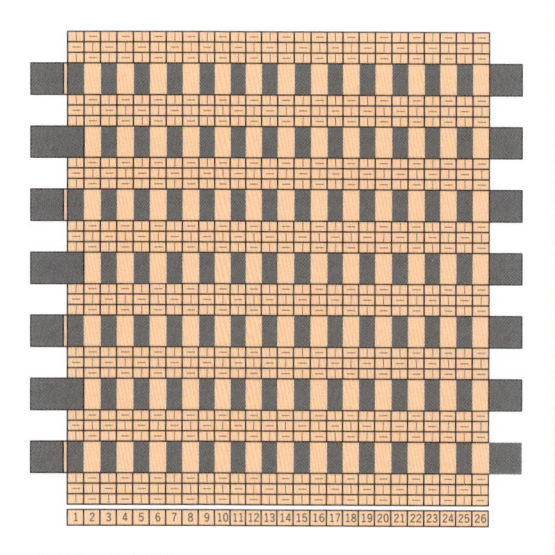

たて糸：並太綿糸
よこ糸：並太綿糸、フェイクレザー
※フェイクレザーとフェイクレザーの間に糸の平織りが3段入る。

194 フェイクレザーを太い綿糸と組み合わせてみました。このサイズのままコースターとして使うには不安定な織り地ですが、大きめのマットなどにするとよいでしょう。

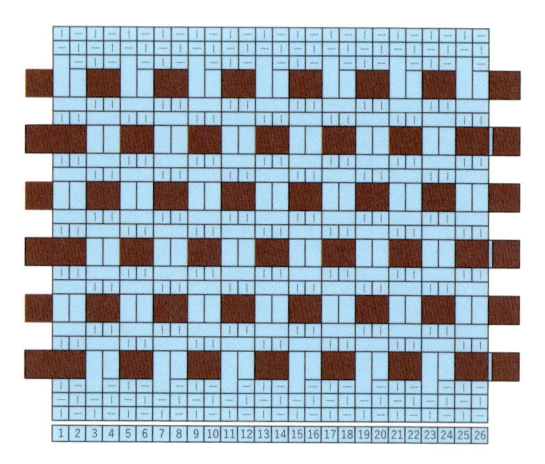

たて糸：極太綿糸
よこ糸：極太綿糸、フェイクレザー
※フェイクレザーとフェイクレザーの間に糸の平織りが2段入る。

リボン

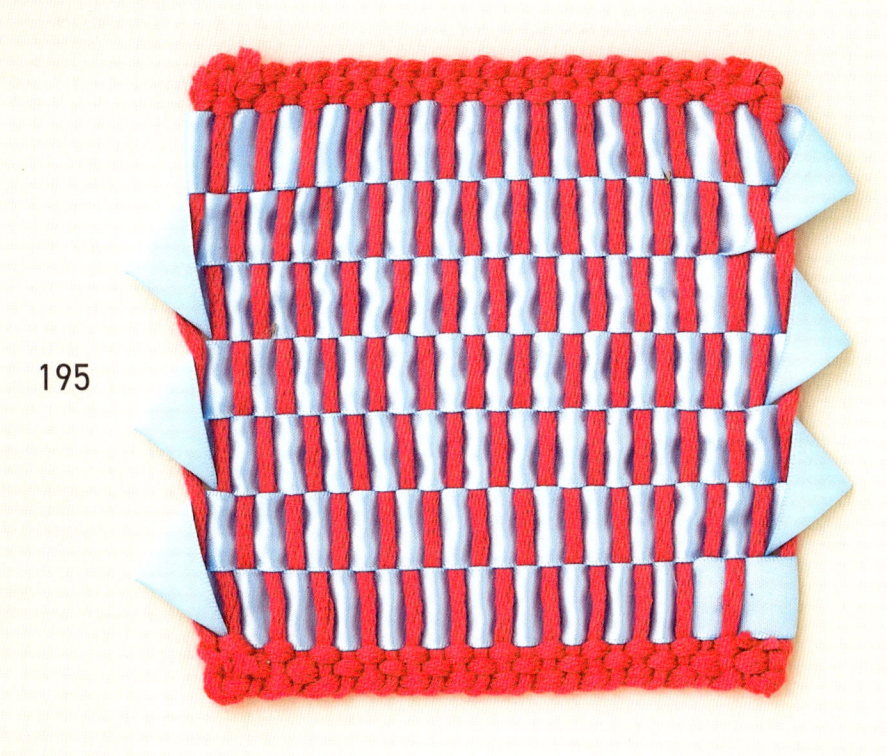

195

195

発色のよいサテン風リボンを
よこ糸にしました。両端の折
り返しは、次の段でも表面が
くるように三角に折ります。
きちんと形をつけるように折
るとよいでしょう。

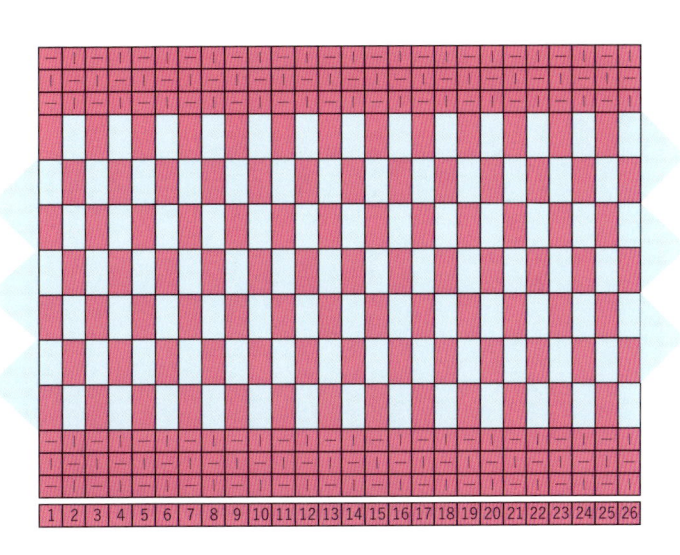

| 1 | 2 | 3 | 4 | 5 | 6 | 7 | 8 | 9 | 10 | 11 | 12 | 13 | 14 | 15 | 16 | 17 | 18 | 19 | 20 | 21 | 22 | 23 | 24 | 25 | 26 |

たて糸：極太綿糸　よこ糸：極太綿糸、リボン

リボン

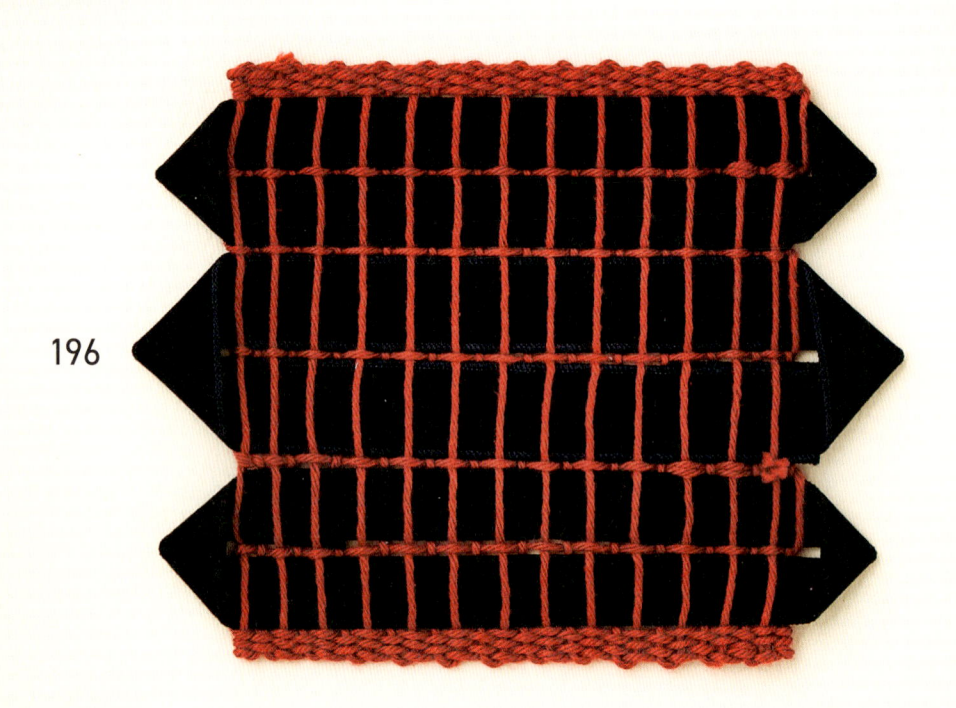

196

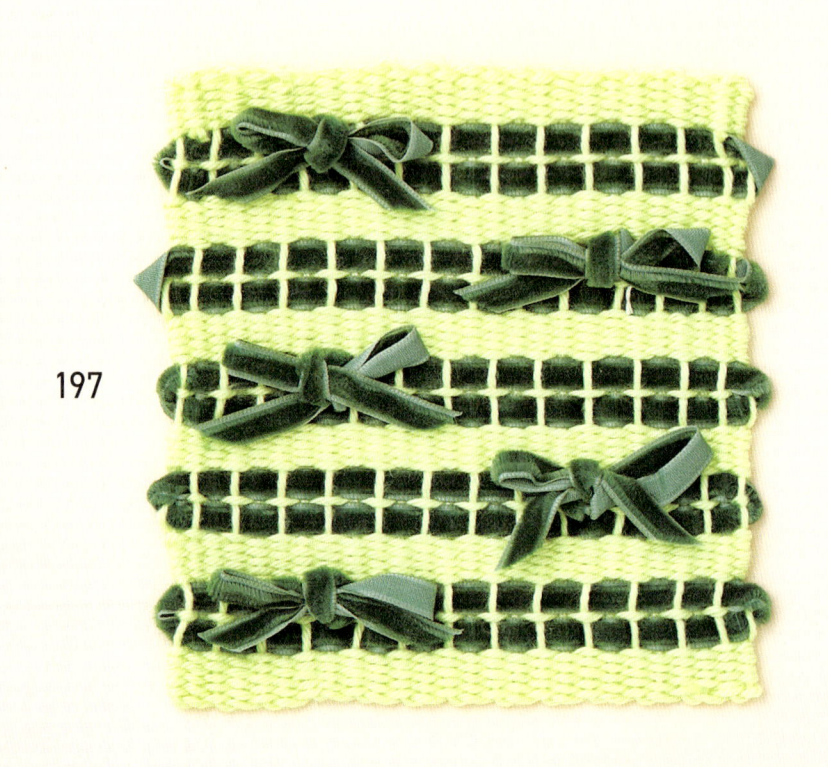

197

196

ビロード風のリボンをよこ糸に
しました。リボンは2段分を
ぐるっと1周させて、始めと
終わりを重ねています。このリ
ボンも太いので耳は折りたたん
で形をつけるとよいでしょう。

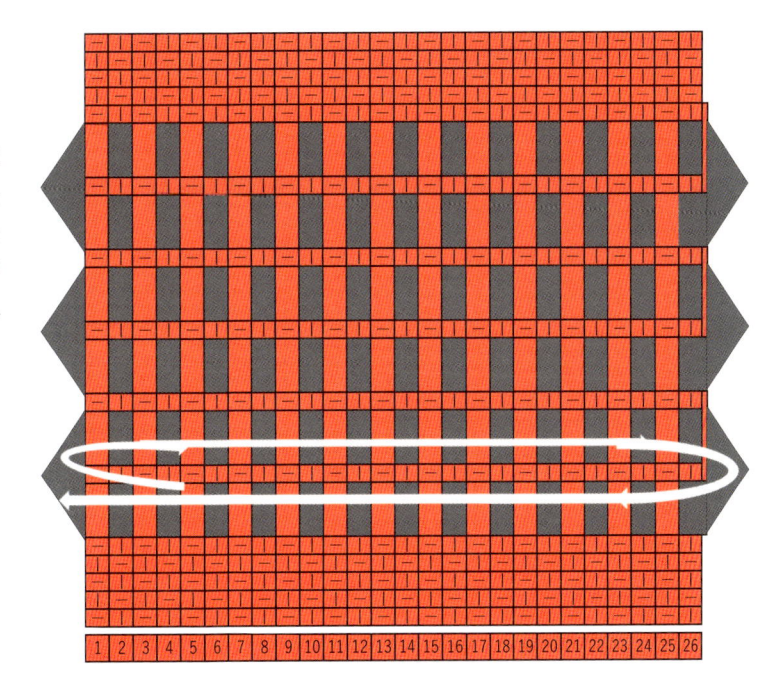

たて糸：並太綿糸　よこ糸：並太綿糸、リボン
※リボンは横幅の2.5倍の長さに切っておく。
※リボンとリボンの間に糸の平織りが1段入る。

197

細めのリボンをよこ糸にしまし
た。織り幅の3～4倍にリボ
ンを切り、左右のたて糸7本
目と8本目の間から両端を出
し、リボン結びをしています。

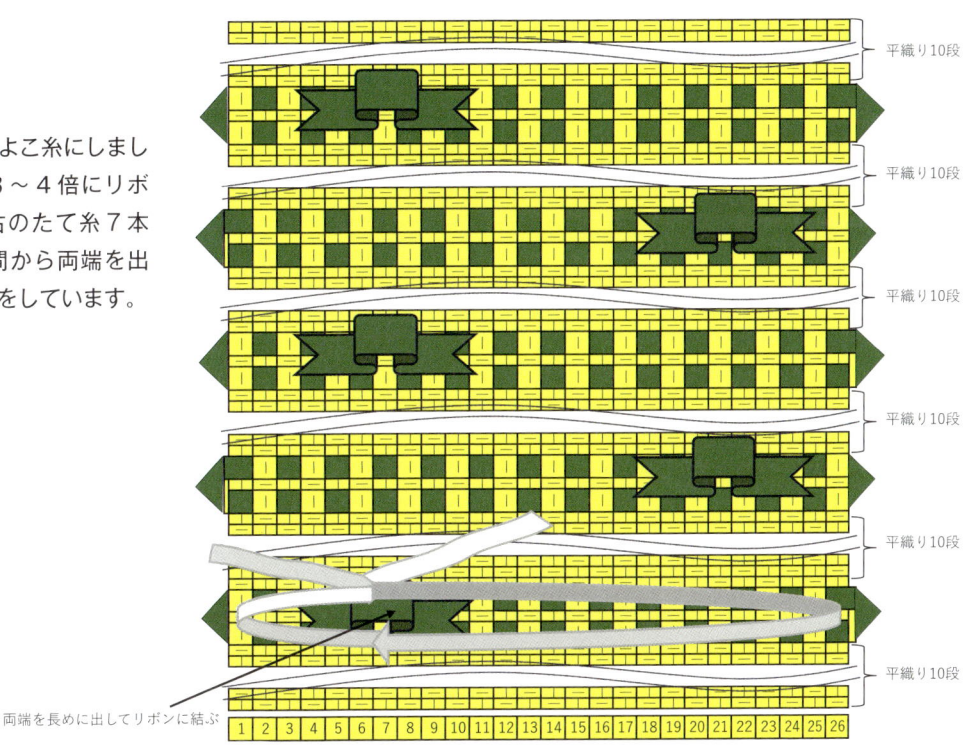

平織り10段

平織り10段

平織り10段

平織り10段

平織り10段

平織り10段

両端を長めに出してリボンに結ぶ

たて糸：並太綿糸　よこ糸：並太綿糸、リボン
※リボンは横幅の3～4倍の長さに切っておく。
※リボンとリボンの間に糸の平織りが1段入る。

ビーズ

198

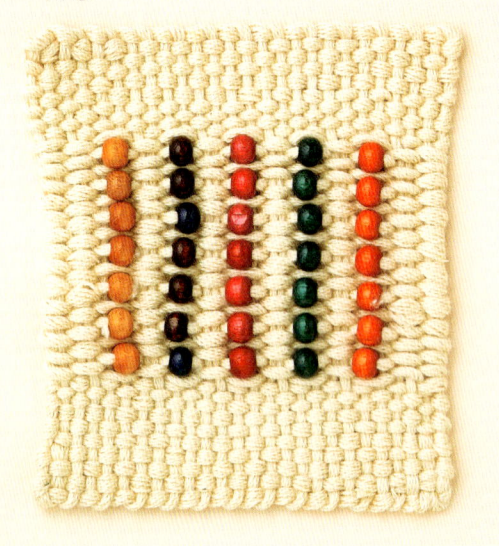

199

198 よこ糸にウッドビーズを通して織り込んでいます。よこ糸にビーズを通す場合、穴の大きなタイプのビーズを選び、あらかじめよこ糸に順番をよく確認して全部通しておきます。

199 2種類の大きさのビーズを組み合わせました。ビーズの大きさに合わせて、たて糸2本ずつ飛ばしながら織ってあります。

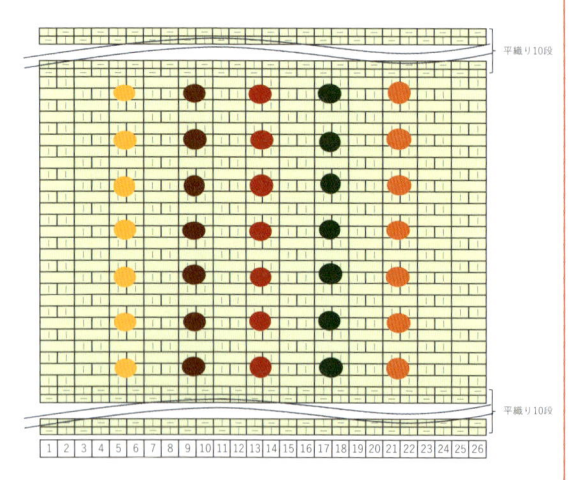

平織り10段

平織り10段

| 1 | 2 | 3 | 4 | 5 | 6 | 7 | 8 | 9 | 10 | 11 | 12 | 13 | 14 | 15 | 16 | 17 | 18 | 19 | 20 | 21 | 22 | 23 | 24 | 25 | 26 |

たて糸：極太綿糸
よこ糸：極太綿糸、ウッドビーズ
※平織り10段のあと、たて糸2本ずつの平織り。最後は平織り10段。

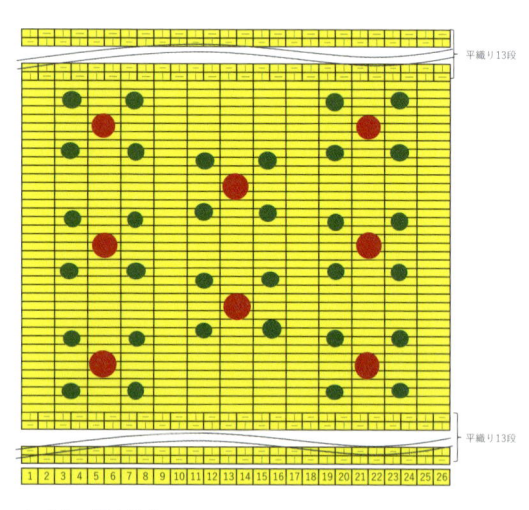

平織り13段

平織り13段

| 1 | 2 | 3 | 4 | 5 | 6 | 7 | 8 | 9 | 10 | 11 | 12 | 13 | 14 | 15 | 16 | 17 | 18 | 19 | 20 | 21 | 22 | 23 | 24 | 25 | 26 |

たて糸：極太綿糸
よこ糸：極太綿糸、ウッドビーズ、グラスビーズ
※平織り13段後、たて糸2本ずつの平織り、最後は平織り13段。
※ビーズが入るところはたて糸が下の状態。
※ビーズの段の前後は2本ずつの平織りを2段織る。

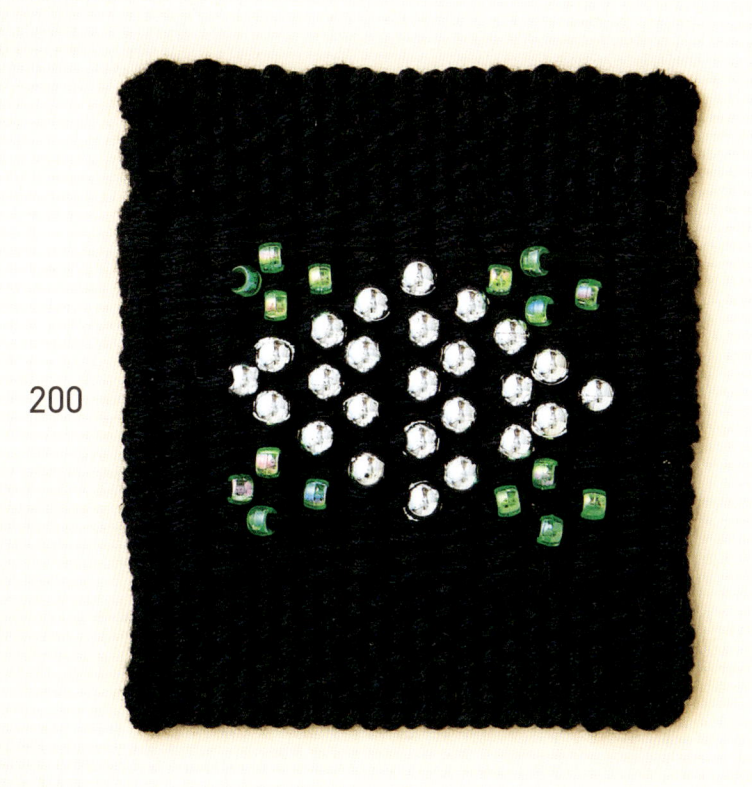

200

200

きらきら光るビーズを織り込んで
みました。クリスマスオーナメン
トとしても役に立ちそうです。

たて糸：極太綿糸
よこ糸：極太綿糸、ビーズ
※平織り10段後、たて糸2本ずつの平織
り、最後は平織り10段。
※ビーズが入るところはたて糸が下の状態
※ビーズの段の前後は2本ずつの平織り
を2段織る。

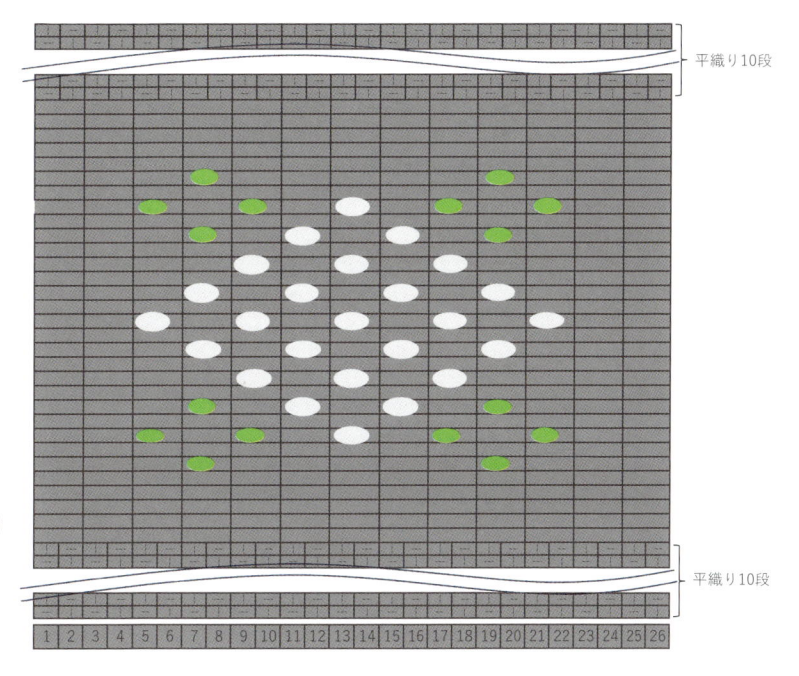

平織り10段

平織り10段

Profile

箕輪直子
Minowa Naoko

染織家。日本染織協会会長。品川区西五反田で手織りと草木染めのショップStudio A Weekを主宰。NHK「すてきにハンドメイド」ほか各方面で活躍。

著書に『草木染め大全』『手織り大全』『手織りを楽しむまきものデザイン200』『はじめての裂き織りレッスン』『裂き織り大全』（以上、誠文堂新光社）などがある。

Studio A Week
東京都品川区西五反田6-24-15 Y.BLDG
TEL.03-6417-0510
https://www.minowanaoko.com/

Staff

装丁・デザイン　鈴木悦子（プールグラフィックス）
撮影　坂本貴氏（STUDIO CIRCUS）
　　　奥野ひなた（STUDIO CIRCUS）
イラスト　小池百合穂
編集　田口香代

制作協力

後藤美由紀　大塚浩美　金澤理恵
熊田郁子　坂部由美子
佐々木真知子　廣田眞理子　町田裕子

織り図の見方、織り機の使い方の基礎から、
織りの技法、デザイン、色違いや糸違いの展開まで

小さな織り機でできる
手織りの模様パターン 200

2025 年 3 月 17 日　発　行　　　　　　　　　NDC594

著　　　者　箕輪直子
発　行　者　小川雄一
発　行　所　株式会社 誠文堂新光社
　　　　　　〒113-0033 東京都文京区本郷 3-3-11
　　　　　　https://www.seibundo-shinkosha.net/
印刷・製本　シナノ書籍印刷 株式会社

©Naoko Minowa. 2025　　　　　　　　　　Printed in Japan

ISBN978-4-416-72353-1